HELVETIA EDITRICE

Veneto vivo
Saggi

35

Helvetia Editrice
via Pozzuoli 9
30038 Spinea VE
t 041 994550
f 041 5086514
info@edizionihelvetia.it
www.edizionihelvetia.it

Titolo originale
La Venezia che vorrei.
Parole e pratiche
per una città felice.

ISBN
978-88-95215-72-3

In copertina foto di
Stephen Lustig

Prima edizione
agosto 2018

Finito di stampare
nel mese di agosto 2018
presso Graficart — Resana TV

Stampato in Italia
Printed in Italy

LA VENEZIA CHE VORREI

PAROLE E PRATICHE PER UNA CITTÀ FELICE

*A cura di Cristiano Dorigo
e Elisabetta Tiveron*

Testi di: Shaul Bassi/Lala Hu/Leaticia Ouedraogo,
Gianni Berengo Gardin, Gianfranco Bettin,
Enrico Bettinello, Renzo di Renzo, Cristiano Dorigo,
Gianni Favarato, Roberto Ferrucci, Maria Fiano
e Beatrice Barzaghi, Federico Gnech, Mario Isnenghi,
Maddalena Lotter, Giovanni Montanaro, Edoardo Pittalis,
Tiziana Plebani, Anna Poma, Tiziano Scarpa,
Lucio Schiavon, Elisabetta Tiveron, Anna Toscano,
Alberto Toso Fei, Gilda Zazzara, Julian Zhara.

Helvetia Editrice

Veneto vivo
Saggi

Note per un progetto

Con che occhi guardiamo ciò che ci circonda, l'ambiente in cui viviamo? Quegli occhi, il loro sguardo, condizionano il nostro pensare, pongono confini, delimitano l'esistente: in tali circostanze è possibile guardare oltre, far scavalcare all'immaginazione quei confini, creare dei varchi che sbeffeggino l'esistente autorizzato, sponsorizzato?

Il progetto scaturisce dal tentativo di immaginare un panorama che non c'è, un territorio in cui sarebbe bello vivere – forse è ancora così per qualcuno, per una piccola parte di abitanti, ma potrebbe non esserlo più se non succederà qualcosa che sovverta il processo che appare, ora, inarrestabile. Confidando sulla forza della parola, delle idee, dell'immaginazione, ciascun autore racconta la sua Venezia (intesa a volte come una e trina, anzi, multipla), come vorrebbe che fosse, come ci si trova, in che modo la vive, cosa pensa, eccetera. Ogni brano è un modo personale di descrivere il proprio abitare, di criticare l'esistente ma non in modo sterile – facile criticare! dicono i profeti del fare – ma proponendo idee, visioni, prospettive di cui abbiamo smesso di occuparci in quanto obbligati a occupare un compromesso esistenziale che ci garantisca ossigeno.

Non si tratta di un desiderio ristretto confinato alla città: è un progetto che coinvolge tutti, nessuno escluso, che apre domande e azzarda risposte sui perché abitiamo e subiamo decisioni e pianificazioni infelici e colpevoli, che riducono i territori in luoghi funzionali al consumo di merci, alla fruizione predatoria monetizzata; qui come altrove.

C'è ancora possibilità di riscatto, e questa deve però attraversare i vissuti, la critica, la memoria, per avere uno sguardo e delle idee felici, umane: vorremmo diventasse un documento fruibile, un raggruppamento di intelligenza che possa scatenare desideri, utopie, che riaffermi il diritto a esigere qualcosa che non c'è ma che potrebbe esserci, a patto che lo si ipotizzi, lo si intraveda, lo si chieda.

Crediamo che qualcuno si debba assumere la responsabilità di smascherare l'assurdo, e ci piacerebbe scatenare desideri, confrontarci con chi ci leggerà, misurarci con altre istanze, discutere e assumere alterità in isolamento.

Ecco cosa vorrebbe diventare questa raccolta: un laboratorio in cui si discute di quello che c'è, di quello che manca, di cosa si potrebbe fare se si desiderasse farlo per davvero.

I ventisei autori presenti ci hanno provato: ora tocca a ciascun lettore provarci.

I curatori

LA VENEZIA CHE VORREI

Parole e pratiche per una città felice

Venezia in tante lingue

SHAUL BASSI - LALA HU - LEATICIA OUEDRAOGO

Ci siamo incontrati a pranzo in una torrida giornata di giugno. Abbiamo in comune Ca' Foscari e dei nomi propri non intuitivi. Lala è nata in Cina, si è trasferita a Milano a tre anni, e ha ottenuto la cittadinanza italiana da poco, dopo otto anni di attesa. Leaticia, nata in Burkina Faso, cittadina non lo è ancora, anche se in Italia è cresciuta e ci ha fatto tutte le scuole. Shaul a Venezia c'è nato, così come alcuni suoi antenati da un paio di secoli a questa parte, ma la cittadinanza alla famiglia di suo padre fu negata da un giorno all'altro ottant'anni fa, e il viscerale attaccamento per questa città passa anche per quell'esperienza di perdita. Tutti e tre pensano a Venezia come una città cosmopolita e tutti e tre, per motivi diversi, sanno cosa significa essere minoranza e cos'è la precarietà della cittadinanza. Ci siamo seduti insieme e ci siamo raccontati l'uno dell'altra, le nostre Venezie, e la Venezia che vorremmo. Comincia il più vecchio…

SHAUL: Mio padre, come molti ebrei della sua generazione, dovette fuggire dalla Venezia occupata dai Nazifascisti. Ancora oggi mi commuovo quando penso a quella lontana zia quasi centenaria che mi raccontava di essersi sentita tornata dalle persecuzioni quando, a bordo della gondola che la portava verso casa, sfiorò con la mano l'acqua del canale notturno. Mia madre, come tanti istriani, ha perso la sua terra natale e a Venezia ha invece ritrovato casa. Fortunato di crescere in tempo di pace, da queste esperienze familiari so cosa significa perdere Venezia o trovarla come rifugio. Appartengo all'ultima generazione cresciuta in una città a tutto tondo, in cui il turismo era una delle cose, non l'unica cosa. Sono un veneziano orgoglioso di appartenere a un'istituzione come l'università che sfida la potente ma fuorviante dicotomia residenti-turisti. Sono un veneziano che ha preso una multa da ragazzino perché io e i due amici che tiravano calci a un pallone in calle abbiamo dato le nostre vere generalità e il *ghebi* (vigile) pensava che lo prendessimo in giro con quei nomi che finivano tutti per consonante. Era una città ancora quasi tutta italiana mentre oggi, può sopravvivere solo se abbraccia la sua dimensione cosmopolita, che è anche quella del passato. Oggi i miei studenti sono italiani, lituani, iraniani, cinesi, coreani, canadesi, russi e inglesi. Mio figlio è keniano, e nella sua classe ci sono almeno quattro compagni bilingui; la bambina col nome più tradizionale è Valentina che è cinese. Adoro Venezia perché è spietatamente locale e autoreferenziale (non riesco a immaginarmi di vivere in un posto dove non capiscano cosa voglia dire "*boresso*") e meravigliosamente internazionale. E se non abbraccia consapevolmente questa sua rinnovata dimensione internazionale, siamo spacciati.

Lala: Sono arrivata a Venezia quasi sei anni fa, senza sapere che questa città mi avrebbe portato a un percorso di lavoro, di ricerca e di vita completamente inaspettato. In quel periodo avevo deciso, dopo un viaggio nel mio paese d'origine, la Cina, di cambiare lavoro. E in questo nuovo lavoro, che però non avevo ancora trovato, ero decisa ad adoperare le mie competenze interculturali di sino-italiana. Per far portare un po' d'Italia in Cina. E un po' di Cina in Italia.

E così, nel settembre 2012, per caso trovai su Internet, a due giorni dalla scadenza, l'avviso di un concorso che bandiva un assegno di ricerca all'Università Ca' Foscari per approfondire il tema del "*Made in Italy*" nel mercato cinese. Poche settimane dopo, presi il treno da Milano e senza conoscere nessuno a Venezia e sapendo ben poco della carriera accademica, mi presentai al colloquio orale al Dipartimento di Management di Ca' Foscari. Vinsi quell'assegno. Dopo quasi sei anni, un dottorato di mezzo, altri concorsi e diversi periodi di ricerca in Cina ma anche Stati Uniti, sono ancora in laguna.

LEATICIA: Se dovessi disegnare una linea del tempo della mia vita finora, di rilevante ci sarebbero solo tre date: il 1997, anno della mia nascita, il 2008 e il 2016, entrambi anni di grandi cambiamenti, di trasferimenti. A 11 anni, infatti, un ricongiungimento familiare mi ha catapultata da Ouagadougou a Bergamo e a 19 anni, sono approdata in laguna con l'intento di rimanerci per almeno tre anni. È stata una mail casuale a portarmi a Venezia. Il merito è di una mia amica, che, venendo agli Open Day, aveva pensato bene di lasciare la mia mail agli studenti del Collegio Internazionale, che cercavano di convincere i potenziali neocafoscarini ad iscriversi al test d'ingresso. L'ho passato e, da due anni, sono una cafoscarina bergamasco-veneziana che vive sull'Isola di San Servolo con una vita molto semplice, una vita forse più cafoscarina che veneziana.

SHAUL: La mattina mi sveglio a Castello, attraverso un pezzo di San Marco e di San Polo, e arrivo con mio figlio a scuola a

Santa Croce. È un momento magico, perché si vedono gli scolari e i lavoratori, una città più normale e simile a quella della mia infanzia. In cima al Ponte di Rialto, la vista del canale fino alla nostra Ca' Foscari è sempre abbacinante. La strada del ritorno è la stessa, ma la massa di turisti è insostenibile. La differenza tra la Venezia di Campo San Giacomo, dove mio figlio gioca e noi genitori chiacchieriamo, e quella di queste fiumane di turisti che scorrono senza dare l'idea di nessuna vera interazione con la città, incarna il meglio e il peggio del nostro quotidiano. Salvatore Settis chiama Venezia "*macchina per pensare*"; non potrei essere più d'accordo: nei campi si pensa, perché si scambiano le idee; nella folla ci si perde e si perde la pazienza.

LALA: Cannaregio è il sestiere dove lavoro e dove ho sempre vissuto, cambiando un paio di volte casa. Dal monolocale, dove entrò l'acqua alta in una notte di neve e marea eccezionale, alla stanza doppia accanto alla stazione, punto strategico per spostamenti, ma rumorosissima. Alla sistemazione attuale, trovata a due giorni dall'inizio dell'anno accademico, quando ormai avevo perso quasi tutte le speranze e mi ero rassegnata ad andare in un bed & breakfast. Ma la tenacia alla fine mi ha premiata con una "vera" casa, tutta per me. Devo ammettere che ci sono stati momenti in cui mi sono sentita scoraggiata dalla mancanza di una reale politica residenziale per i lavoratori fuori sede. Soprattutto giovani, italiani ma anche stranieri, che trascorrono qui molto tempo e potrebbero dare un contributo significativo al dibattito sociale e culturale della città, se ci fossero effettivamente le condizioni per essere considerati un gruppo di riferimento.

Come scriveva Aldo Cazzullo, solo incentivando l'arrivo di studenti, scienziati, ricercatori, artisti e musicisti si può fare di Venezia una città, e non una vetrina. Una vetrina, purtroppo, che negli anni si è riempita di "cineserie", e questo al di là del fatto se il gestore sia cinese o bengalese o italiano. La Venezia-vetrina offre prodotti uguali fra un negozio e l'altro, e servizi come bar o ristoranti pensati unicamente per soddisfare le esigenze del turista nel tempo più in fretta possibile, al fine di massimizzare il profitto.

Invece la Venezia-città che amo è fatta di piccole cose quotidiane, in cui mi riconosco e sono riconosciuta come parte integrante. Un luogo che permette di riscoprire il piacere del cammino e della lentezza, contrapposta alla frenesia delle grandi metropoli. Dove una passeggiata nelle calli "senza ostacoli", rappresentati da orde di turisti, si tramuta in un aperitivo improvvisato sulle fondamenta col gestore che ti racconta la storia di questo o tale vino, anche se non diventerò mai esperta. Per poi svoltare l'angolo e salutare il gondoliere, che conosco ormai da cinque anni, mentre è in servizio. Fino ad ammirare di notte il Canal Grande, così intasato di giorno, e sul quale invece nell'oscurità si specchiano la luna e le stelle.

LEATICIA: La mia Venezia è molto giovane e tipicamente studentesca, né da residente né da turista. Questa dicotomia residente-turista, ormai inflazionata, dimentica spesso gli studenti, persino quelli che vorrebbero partecipare al dibattito sul futuro della città. Studiare in laguna è un'esperienza in cui ci si sente un po' come quel trattino che separa le due entità della dicotomia oppure uno di quei 476 ponti che tengono insieme Venezia e collegano, o forse dividono, i veneziani dalle migliaia di turisti che si riversano ogni anno in città. Studenti: né residenti né turisti, ma combinando le lettere di queste due parole si ottiene la terza. E non è casuale: che siano veneziani, pendolari, fuori sede o internazionali, gli studenti sono essenzialmente una riduzione dei residenti, e un'estensione dei turisti. Qualunque sia il verso della piramide tripartita, siamo sempre in mezzo, isolati da un dibattito che ci ignora. E l'isolamento si rispecchia anche nel nostro modo di vivere Venezia, confinati nelle nostre bolle studentesche. Così, passiamo anni della nostra vita nella città, senza mai conoscerla veramente, rimanendo nelle piste studentesche dalle quali sono bandite le sagre o i mercati e che escludono il Ghetto e Malamocco, Pellestrina e Poveglia. Ma ci sentiamo giustificati perché Venezia è atomizzata, è difficile attraversarla tutta senza perdere ore e ore. E i nostri orari sono scomodi. Per chi non abita a Venezia, infatti, è tutto un affannarsi per rincorrere treni e bus. Poi ci si abitua a questa routine, e, senza accorgersene, passano due o tre anni, e si vede San Marco per la prima volta il giorno della laurea. E alla fine della cerimonia, con le teste finalmente coronate di alloro, si lascia la città con la sensazione di non essere mai usciti dalla propria bolla. Fortunatamente, però, i miracoli accadono e le bolle scoppiano. Fuori da biblioteche e aule, da mense e vaporetti ho trovato un mondo tutto nuovo, ma che era sempre esistito. Così, ho scoperto di non amare più di tanto San Marco, specialmente durante il Carnevale, quando impiego venti minuti per attraversare un ponte solo oppure devo fare lo slalom tra maschere e macchine fotografiche per tornare a casa. E quando la bolla tenta nuovamente di fagocitarmi, dalle Zattere prendo il primo vaporetto utile e mi rifugio dall'altra parte del canale, in Giudecca. A Sacca Fisola, trovo sempre una panchina rossa dove sedermi e respirare a pieni polmoni quest'aria di pieno, di vita fresca e vissuta.

SHAUL: La Venezia che vorrei non è né nostalgica né fantascientifica. È a portata di mano, ma va coltivata. C'è un esperto internazionale di intelligenza artificiale che è venuto ad abitare qui per due anni; non nella Silicon Valley, non a Hong Kong, ma qui. Con un aeroporto collegato col mondo, una connessione internet veloce, e tutta la storia dell'arte occidentale (e non solo) dal Medioevo ai giorni nostri concentrata in un'isola unica al mondo, perché andare a infilarsi in una metropoli di grattacieli tutti uguali? Ma questo privilegio non è di tutti: gli studenti che vengono da tutto il mondo, perché devo vederli andarsene alla chetichella dall'aula alle sei di sera verso l'ultimo regionale e non incontrarli la sera nei bar o al cinema? I migliori scrittori e artisti di tutto il mondo, perché devo incontrarli per caso nelle case degli amici più internazionali e non vederli ospiti di appositi programmi cittadini?

Il mondo è già qui e la sfida è connettere i residenti, i visitatori più curiosi e moltiplicare gli studenti e i loro luoghi di incontro e interazione. I luoghi della cultura aprono la mente, ristorano l'anima, e creano posti di lavoro. Se questi posti di lavoro corrispondessero anche ad altrettanti residenti, saremmo la città più felice del mondo. La Venezia che vorrei avrebbe un ministro degli esteri incaricato di coltivare rapporti con le grandi città del mondo e le loro istituzioni culturali; chiederebbe alle benemerite associazioni che raccolgono fondi per restaurare i monumenti che una quota venisse destinata a salvaguardare le attività artigianali e a garantire l'apertura di spazi sociali. La chiesa restaurata e lo spazio giochi per i bambini sono due facce della stessa medaglia, perché quei bambini sono la garanzia di trasmissione del sapere che serve a mantenere la chiesa un luogo vivo, da un punto di vista culturale, artistico o spirituale che sia. Vorrei una Venezia con migliaia di posti letto per gli studenti e un'economia organizzata intorno a loro, perché sarebbero il primo pubblico per la musica, l'arte, i locali, i club, le remiere, le palestre, le piscine, le biblioteche, le librerie, le sezioni, le sale concerto, i musei e tutti gli altri spazi che essi stessi inventerebbero. La Venezia che vorrei esiste già, a Castello basso, dove prosperano fianco a fianco la Biennale e la Festa di San Pietro di Castello, il meglio del globale e del locale e della loro capacità di incontro. Ma l'equilibrio è precario, la parte locale, che oggi vivifica anche quella globale, scomparirebbe senza un adeguato intervento della politica.

LALA: Dopo tanti anni trascorsi a Venezia, non sono ancora residente. Sono in costante movimento tra treni e aerei, e porto spesso una valigia al seguito: come posso esser percepita se non come una turista alla quale rivolgersi in inglese? Ma allo stesso tempo, i contratti d'affitto delle varie case dove ho vissuto non permettevano di stabilire qui la residenza. Poi non so se il precariato accademico mi consentirà, un giorno, un'effettiva stabilità. Eppure, non vorrei sentirmi invisibile, bensì, come molti altri giovani lavoratori in laguna, vorrei trovare condizioni che mi permettano di partecipare maggiormente al dibattito socio-culturale locale, di crescere insieme alla città. E nel futuro, mi immagino di tornare spesso a Venezia, identificandola come un mio punto di riferimento. Per collaborare ad un progetto di ricerca innovativo, per partecipare a una conferenza che solo qui può riunire esperti di fama mondiale. La Venezia che vorrei è un luogo unico al mondo, ricco di stimoli. Dove è possibile creare e trasformare in realtà idee e sogni di persone così diverse.

Nei secoli, Venezia si è affermata come città all'avanguardia e innovatrice in diversi campi. È stata capace di proporre nuove rotte commerciali, come l'antica Via della Seta, iniziative creative e artistiche che tutto il mondo invidia, e recentemente anche progetti di ricerca strategici, per esempio nel settore dei cambiamenti climatici. Affinché possa essere rinnovato il suo ruolo centrale in molteplici discipline, è tuttavia fondamentale creare le condizioni per identificare Venezia come città viva e aperta, e non succube della monocoltura del turismo. Luogo di scoperta e incroci di civiltà. Partendo dal riconoscimento del contributo dell'Altro, artista, ricercatore o musicista quale portatore di valore. Un valore derivante da vissuti diversi e anche origini culturali diverse, e che può influenzare positivamente il percorso che porterà, speriamo in tempi brevi, al riconoscimento di Venezia come patrimonio dell'umanità.

LEATICIA: C'è un pericolo che minaccia la città, un veleno che si insinua nella storia di Venezia, una forza che distrugge gli spazi di vita dei veneziani e li trasforma in hotel, ristoranti, negozi di sole caramelle in stile Disney: sono i turisti, è tutta colpa loro... Come capro espiatorio, il turista si merita tutte queste colpe. Tuttavia, credo che, in realtà, un turista si adegui a quello che la città gli offre, forse non sa nemmeno che alcuni ristoranti o negozi sono pensati esclusivamente per lui, e se la città fosse più pensata per i residenti egli si adeguerebbe lo stesso, proprio per il carattere transitorio della sua permanenza. È più difficile attrarre residenti e studenti piuttosto che turisti: i primi due compiono una scelta di vita, si radicano e si proiettano in un futuro, mentre il terzo aggiunge semplicemente una nuova meta alla sua mappa turistica e, raramente, ritorna a Venezia. Ho la sensazione che la città non punti abbastanza su noi studenti, non ci veda come una reale risorsa. E allora penso a palazzi come Ca' Cappello, che senza le aule, sarebbero chiusi o diventerebbero probabilmente alberghi. La Venezia che vorrei, la riesco ad immaginare dalla mia panchina rossa in Giudecca: è una Venezia più accessibile agli studenti, con reali vantaggi e agevolazioni, con palazzi ristrutturati e pronti ad essere abitati. I mesi estivi sono sempre quelli della travagliata ricerca in giro per la città o tra gli annunci on-line per un alloggio per l'anno successivo: e quando pensi di aver finalmente trovato qualcosa, spunta una piccola e amara nota, il *"Non si affitta a studenti"* che ti costringe a cercare casa a Mestre o ancora più in là. Senza incentivi a rimanere in questa città non pensata per noi, le nostre energie e i nostri desideri si proiettano altrove. Mentre attendiamo l'alloro però, viviamo come fantasmi e ci adeguiamo. Adeguarsi è studiare nella biblioteca delle Zattere, prendersi una pausa per pranzare, ma essere costretti ad andare al supermercato, superando tutta una serie di ristoranti, in cui non si trova nulla a meno di quindici euro. E gustando le nostre focacce e insalatine con le gambe a penzoloni nel canale, fantastichiamo pensando ad una città più sostenibile per noi, ad una Venezia più a misura di studenti, piena di stanze affittabili, di palestre a prezzi e orari accessibili, di ristoranti convenzionati, di spazi dove poter combinare studio, cultura e coscienza territoriale, vivendo e ricreando, interagendo e risiedendo.

Ci siamo ritrovati alla Festa di San Giacomo dall'Orio, c'erano residenti, studenti, turisti. Quando il gruppo di Lala stava quasi per raggiungere il famoso traguardo per ordinare da mangiare, è arrivata per caso una sua amica che si è fermata con noi. Ad un tratto, la signora in blu dietro ha esclamato: « Beh, se facessimo tutti come al paese suo... ».

Certo, non è corretto saltare la fila – pensa Lala – e se vogliamo proprio essere precisi, la persona che la stava saltando era l'amica (veneta), ma la persona da attaccare ero io partendo da un presupposto razzista visto che io se fossi stata "bianca", non avrebbe parlato di "paese".

« Guardi, signora, che il paese mio è l'Italia! » ho risposto io, ma lei continuava ad insistere: « Io ho sentito che venivi dalla Cina ».

« E allora? Vengo dalla Cina, ma questo è il mio paese ».

La Venezia che vorrei

GIANNI BERENGO GARDIN

La Venezia che vorrei è una Venezia senza grandi navi e senza turismo becero. Di nuovo popolata da veneziani, una città viva, riconquistata con ritrovato orgoglio dai suoi abitanti e non più svenduta per pochi *schei*.

Venezia 2014 (Credit: Gianni Berengo Gardin/Contrasto)

Una città, ancora

GIANFRANCO BETTIN

Non ricordo più dove ho imparato a nuotare, se alle Vaschette a Marghera o poco distante, nel canale Lusore (all'incirca dove c'è adesso il centro commerciale Nave de Vero), o se invece a Venezia, con i miei cugini della Giudecca, dove andavo d'estate, nel canal dei Lavraneri o in quello della Sacca, tra Sacca Fisola e Sacca San Biagio, poco prima che in San Biagio costruissero l'inceneritore che, tra il 1973 e il 1985, ha appestato la città. Allora, però, l'impianto non c'era ancora, quando nuotavamo lì di fronte.

In quelle acque più vaste imparavo di sicuro meglio che nella bassa e stretta conduttura a cielo aperto che erano le Vaschette, cioè l'acquedotto industriale di Marghera (ci nuotavamo da maggio a ottobre, ogni giorno, e a giugno eravamo diventati tutti biondi, non so e non voglio sapere perché...). Mi piaceva soprattutto l'angolo dove il canale della Giudecca sfociava in laguna sud e all'orizzonte si vedeva brillare al sole il grande arco metallico del petrolchimico. Da quelle parti c'era casa mia - *l'altra* casa mia, che potevo immaginare di vedere sollevando lo sguardo dall'acqua.

La cosa che ricordo meglio, di quel tempo tra la Giudecca e Marghera, è che eravamo in tanti. Tanti bambini e tanti ragazzi in acqua, e a riva, e tra calli e strade, tra campielli e piazze, a

Venezia come in terraferma, ovunque. Venezia, specialmente, era ancora quella che forse l'ultimo grande poeta della Venezia popolare, Mario Stefani (che quest'anno avrebbe compiuto ottant'anni, era nato il 4 agosto 1938), ricordava così: *che alegra confusion / ghe gera al marcà / i sigava tuti come mati / done omini e putei / se se spenzeva de qua e de là / se rideva per gnente / se fasseva comarò...* C'era un po' di malinconia in quei versi, di fronte a una Venezia in via di smarrimento. E tuttavia, da poeta e da veneziano, Mario sentiva, ci faceva e ci fa sentire, che la città non era affatto finita, scomparsa e non solo perché riviveva nelle sue parole ispirate (ne ha scritto benissimo, in questo senso, Flavio Cogo nel suo *Mario Stefani e Venezia. Cronache di un grande amore*, Libri di Gaia).

Neppure oggi quella Venezia è scomparsa.

Venezia è ancora, è tuttora, una città. Vera, vissuta, intera. Perfino nei numeri. Noi, tutti quelli che l'hanno conosciuta affollata di bambini e ragazzi e di *done e omini al marcà* e tutto il resto, la Venezia dei vecchi lavori e delle vecchie case popolose, sappiamo bene che è cambiata, per certi aspetti stravolta, non solo perché a tuffarsi nei rii sono rimasti solo gli esibizionisti da YouTube. Ma sappiamo altrettanto bene che una sua parte ha saputo resistere, facendo a pugni o scendendo a patti con i cambiamenti profondi, sconvolgenti, che l'hanno segnata nei decenni tra il secolo scorso e quello presente. Che non si tratti di una dimensione residuale, e nostalgica, lo dicono - appunto - perfino i numeri.

Alla fine degli anni '80 si paventava, e perfino si calcolava, che ai nostri anni la popolazione della "città antica" (i sestieri più la Giudecca) avrebbe potuto ridursi a circa 20 mila abitanti. Si trattava dell'ipotesi peggiore, da apocalisse demografica, ma sembrava radicata in tendenze evidenti e irresistibili. Alla metà degli anni '90, nei documenti tecnici che accompagnavano e ispiravano il nuovo Piano Urbanistico coordinato da Leonardo Benevolo si prevedeva che, al 2007, a trend demografico invariato, gli abitanti della "città antica" sarebbero stati circa 53 mila. Ebbene, questa cifra, questo minimo storico, è stato raggiunto in realtà soltanto dieci anni dopo, alla fine del 2017, quando tra sestieri e Giudecca si contavano circa 54 mila residenti (62 mila con le altre isole, 82 mila con il Lido). La Venezia odierna, cioè, Lido compreso, ha circa gli stessi abitanti dell'intero comune di Treviso, concentrati però in una superficie che è grosso modo la metà, una trentina di kmq complessivi contro i 55 di Treviso.

Non sono cifre da ricordare per consolarci. Il contaresidenti della Farmacia Morelli di San Bortolo scandisce inesorabile le perdite costanti, i mille all'anno in meno, e così gli altri segni di snaturamento che si notano di continuo: i negozi di vicinato che chiudono, mestieri e professioni che scompaiono, l'invadenza del turismo oggi penetrata, oltre che nel tessuto commerciale, nello stesso ambito residenziale, con le nuove forme di ricettività (e redditività) turistica che ne fanno un ulteriore e potente fattore di stravolgimento. Nessuna ingenua e consolatoria interpretazione dei dati è quindi possibile. Dare però già per persa la natura di città - la valenza e la consistenza - che Venezia invece conserva, pensare che sia già diventata un incrocio tra un museo e un parco a tema, popolato da comparse, significa dare una spinta estrema perché si (auto)adempiano le profezie apocalittiche di trenta o quaranta anni fa.

Perché non siamo 20 mila? Perché il numero critico di 54 mila è stato raggiunto non nel 2007 ma nel 2017 (quando invece, secondo quel trend, avremmo dovuto essere scesi a 40 mila)?

Perché Venezia ha reagito da città. Da città vera, malgrado tutto, abitata, vissuta, da comunità vitale, non da simulacro o da riserva sfinita, rassegnata. In primo luogo, ha messo in campo in questi decenni, pur tra fasi alterne, uno dei movimenti di lotta per la casa (cioè per conservare la possibilità di abitare la propria città) più continui, partecipati e forti d'Italia e d'Europa. Un movimento di abitanti consapevoli, veneziani di nascita o d'elezione, che ha costretto l'agenda politica delle istituzioni a considerare il diritto alla casa come una priorità, a inserirlo tra gli obiettivi della stessa Legge Speciale (con annessi finanziamenti), sia dal lato dei restauri, e dei contributi all'acquisto, sia da quello della costruzione di nuovi complessi riprendendo a edificare per la residenza anche nel perimetro storico. Imponendo, cioè, che vi fosse una specifica politica *veneziana* per la casa. E quindi dando anche ai singoli e alle famiglie, una chance concreta per provare a restare, se lo avessero voluto. Per alcuni decenni questo nesso virtuoso tra il conflitto sociale con al centro la residenza e le politiche pubbliche ha prodotto risultati importanti ed è questo che ha impedito che le peggiori profezie e previsioni sull'esodo e sulla morte di Venezia si avverassero.

Per questo, anche se spogliata di molta parte di sé, di persone e funzioni e tratti costitutivi, Venezia è ancora oggi una vera città. I numeri non sono tutto, ma definiscono la base minima per avere una massa che dia corpo a una comunità. E quei numeri ci sono ancora. Poi, dentro ai numeri bisogna certamente guardare meglio, e capire che, sì, ci dicono che la città invecchia - ma come tutte le città della nostra parte di mondo; ci dicono che aumentano le famiglie mononucleari - ma anche qui come ovunque; che i veneziani da più generazioni si sono ridotti - ma pure questo, il restringersi delle comunità autoctone, è un trend generale, l'andamento demografico occidentale va nella stessa direzione.

Si potrebbe continuare, segnalando come ciò che trasforma e riplasma le società occidentali stia trasformando e riplasmando anche Venezia. Ma ciò spiega troppo e, insieme, spiega un po' meno di quel che serve per capire la Venezia del XXI secolo, la cui specificità riguarda proprio la necessità vitale di mantenere un numero minimo adeguato, una massa critica e vitale di residenti entro le "mura d'acqua". Se, altrove, un centro storico si impoverisce di abitanti, se ne può compensare la perdita con la crescita della popolazione nei dintorni, che spesso non hanno vera soluzione di continuità con quel centro. A Venezia ciò significa invece soltanto scompensare un'intera città (cioè il "centro storico" che qui è appunto tale) verso il vuoto di vita interno, senza rimedio, perché non lo è riempire (si fa per dire) i quartieri e le città oltre il ponte. È la presenza di una massa critica di abitanti che fa del "centro" di Venezia ancora oggi una città e che, al tempo stesso, trasforma le "mura d'acqua" in un passaggio aperto tra terra e acqua, uno spazio di relazioni tra persone, funzioni e luoghi. Se il centro di questo spazio si svuotasse davvero, verrebbe amputata una dimensione cruciale e vitale dell'intera area (oltre che dell'intera storia) veneziana.

Sarebbe paradossale, oltre che doloroso, se ciò avvenisse proprio "nella città più città che esiste", come ha scritto Sergio Bettini nel libro più bello sulle sue origini (*Venezia. Nascita di una città*, Electa 1978, Neri Pozza 2006), mostrando come perfino il suolo qui sia stato necessario "costruire". Altro che "miracolo" o leggenda, come pure ha dimostrato Wladimiro Dorigo nel ponderoso lavoro (il lavoro di una vita) che è anche il testo più ricco e risolutivo sulla formazione più antica della città (*Venezia Origini*, Electa 1983). Per questo se Venezia finisse in quanto luogo vissuto, come ha scritto Salvatore Settis (*Se Venezia muore*, Einaudi 2014), sarebbe un po' come se finisse l'idea stessa di città, l'idea più alta e "civile" di città, indisgiungibile dal fatto di essere vissuta, abitata.

La questione del diritto ad abitare Venezia, a rimanerci o andarci a vivere (come è sempre successo: la sua storia è anche storia di crisi e rigenerazioni demografiche) non può, quindi, che essere la priorità delle priorità, il punto di riferimento sul quale modellare l'insieme delle politiche sociali, economiche, urbanistiche, ambientali e culturali. Sapendo che siamo entrati nella fase più cruciale e difficile di sempre. Ma anche ben sapendo che Venezia, numeri ed esperienza diretta alla mano, una città lo è ancora. Bisogna ripeterlo, contro una diffusa narrazione che rischia di favorire la resa, dando spazio alla speculazione e alla rendita, oltre che alla congerie di poteri fuori controllo democratico che già tendono a spadroneggiarvi.

Nessuno direbbe che Treviso non è una vera città, nessuno può dirlo di una Venezia che ha grosso modo gli stessi residenti in uno spazio "abitabile" in verità parecchio minore, quindi con una densità relativa assai maggiore e in termini assoluti niente affatto sparuta. Non è un caso se quelle politiche virtuose per la residenza che hanno consentito di contraddire le peggiori previsioni degli anni '80 e '90 (anche se non di scongiurarne i pericoli evocati) hanno visto ridurre i loro effetti quando la Legge Speciale, cioè il principale strumento di intervento pubblico a Venezia, è stata azzerata nei finanziamenti per tutto ciò che non riguarda il Mose (nel primo decennio del Duemila e fino a oggi).

Se le politiche pubbliche hanno cessato di fungere da positivo strumento di resistenza e rivitalizzazione, o lo hanno fatto solo in minima parte, non hanno tuttavia smesso di essere in campo su quel versante tanti gruppi e movimenti, pur privi oggi di interlocutori credibili e disponibili nelle istituzioni e soprattutto nei diversi livelli di governo. Nella "Venezia che vorrei" - senza vagheggiare utopie, ma anche senza arrendersi a distopie - tenendo ben saldi i piedi sul suolo edificato prima di edificare se stessa dalla "città più città che esiste", la prima cosa da fare è ripristinare quel nesso virtuoso e fecondo tra vita civile, agire civico e istituzioni.

Scrivo in un giorno - venerdì 20 luglio 2018 - in cui decine di veneziani, molti dei quali giovani, hanno difeso il diritto alla casa di una donna di 74 anni con un figlio malato a carico che doveva essere sfrattata da chi ha acquistato a un'asta la sua casa per farne l'ennesima locazione turistica. Assemblea Sociale per la Casa, sindacato inquilini, Gruppo 25 aprile, tanti veneziani decisi a difendere la signora e suo figlio, oltre che a difendere sé stessi, lo hanno impedito e lo sfratto è stato rinviato. La signora è rimasta nella sua casa, a Venezia.

Mi no vado via, dice la città che è ancora una città.

Veneziavisione

ENRICO BETTINELLO

Si sente ripetere spesso che quello che manca a Venezia è "una visione".

Che, se volete, è un modo elegante per sbarazzarsi del problema, oppure spostarlo verso spazi più astratti, quasi ultraterreni, che evocano profezie e vaticini.

In realtà non è male partire da qui.

Non solo perché in fondo l'assunto, per quanto semplice e poetico, è drammaticamente vero, ma anche perché il termine "visione", sottratto alla possibile suggestione estatico-allucinatoria, è piuttosto questione di volontà, prima ancora che di capacità di vedere qualcosa.

Non è facile "vedere" la città, effettivamente, la nostra città.

Al massimo si può intravederla tra le schiene delle migliaia di turisti, oppure ci si deve alzare prestissimo, ma i colori dell'alba raccontano una magia che distoglie dalla riflessione.

Non è facile "vedere" una città la cui immagine è così inflazionata, una città di cui qualsiasi angolo viene fotografato ogni giorno da migliaia di scatti di telefonini e macchine fotografiche.

Cos'è in fondo che vediamo e soprattutto, cosa potremmo o dovremmo vedere?

Vediamo i palazzi, i negozi, i trolley, i canali, le gondole, i rari cestini dell'immondizia traboccanti...

Vediamo un frenetico consumarsi di riti turistici, ma facciamo molta più difficoltà a vedere una città che vive.

Certo, ci sono le sagre, le occasioni di cena in campo, gli angoli, le improvvise folate di quotidianità, ma non sono quello che si nota subito.

Perché in fondo vediamo una città senza una città, o meglio senza una comunità che la renda tale.

Non è solo una questione di numeri, è una questione di riferirsi sempre a una sorta di "grande altro" (non serve scomodare Lacan o Žižek eh, è qualcosa che si capisce intuitivamente) che fa sempre un gran comodo sia quando si presenta sotto forma di nemico cui imputare responsabilità e acrimonie, sia quando assume la maschera più rassicurante di un passato idilliaco pronto a soddisfare le nostalgie canaglie e pigre.

Essendomi occupato da sempre di programmare interventi performativi (musicali, coreografici, teatrali) che tengano conto del territorio in cui prendono forma e delle comunità (temporanee, ma non solo) con cui si relazionano, non riesco in realtà a smettere di "immaginare" la città, di "vederla" animata da una cittadinanza che provi a costruire un progetto identitario rinnovato.

Ma andiamo per gradi.

Quando, nell'autunno del 2014, il Teatro Fondamenta Nuove – che allora dirigevo e che oggi è chiuso, non essendoci stata la volontà politica di sostenerne il ruolo di produttore di cultura e di senso in città – ha ospitato il progetto 'Garden State' della compagnia tedesca Mamaza, chi fosse passato di là (lo hanno fatto in moltissimi) trovava un ottimo esempio di quanto sto cercando di raccontarvi.

Aprire uno spazio pubblico non solo alla comunità dei cittadini, ma anche alla cura di qualcosa che a loro appartiene (in quel caso una pianta, di qualsiasi dimensione, che i veneziani affidavano temporaneamente a questo straordinario giardino condiviso), è stato non solo uno straordinario esito artistico, ma anche il segnale che una comunità si può riconoscere a partire dagli aspetti relazionali più semplici, che esistono donne e uomini di ogni età che meritano di costruire insieme un'ipotesi nuova di città.

Partiamo da qui, voi direte.

È che siamo in pochi.

Non solo.

Attualmente molte donne e uomini della nostra città si trovano in una situazione che potremmo chiamare di "stallo alla veneziana" (parafrasando un classico spaghetti western): intrappolati in un apparentemente inestricabile dualismo tra lo sfruttamento turistico più massiccio della città e l'insofferenza per quello che questo sfruttamento comporta nelle loro vite di tutti i giorni.

Vite in cui il turista che hai insultato perché ha intasato la calle impedendoti di prendere il vaporetto in tempo è lo stesso cui hai affittato la casa della nonna tre giorni dopo averla seppellita a San Michele...

Non male come mix di fastidio e senso di colpa, vero?

Perché puoi sempre affittare a un residente o a un veneziano, magari giovane, che vuole aprire un'attività, ma alla fine non sono tanti quelli che lo fanno, in nome di un guadagno maggiore nell'immediato (e di un peggioramento dell'ambiente in cui vivi nel medio-lungo periodo).

Venezia ha bisogno di veneziani, a meno che non si pensi che il manipolo di valorosi che, per una ragione o un'altra, sperimentano una resilienza che spella le squame (giustamente mutanti) dell'identità senza che ne crescano di nuove, possa bastarsi da sé.

E se avete seguito fin qui, allora immaginare una Venezia diversa non solo è possibile, ma sembra anche piuttosto necessario e il tutto passa attraverso quella parola che, lascio a chi legge ogni considerazione e commento in merito, è la grande assente di quasi ogni programma politico di oggi, sia locale che nazionale: "cultura".

Una città come Venezia non ha molti altri orizzonti (se si esclude appunto lo sfruttamento del turismo oltre la sua sostenibilità) se non costruire una comunità nuova di cittadini che in questo straordinario organismo di storia, arte e bellezza lavori per la cultura e la creatività.

Quando parlo di cultura penso ovviamente a questo termine in un'accezione molto ampia (i miei studenti allo IED sanno bene, ahiloro, quanto insisto sulla natura "relazionale" di questa parola), che comprende non solo i beni culturali, ma anche la produzione culturale, la ricerca scientifica, la valorizzazione del ruolo delle università, la creatività artigianale.

Qualcuno sostiene che il fabbisogno culturale cittadino sia già più che sufficientemente coperto dall'attività di grandi istituzioni come la Biennale, la Fenice, la Fondazione Cini, le Fondazioni Museali… io credo invece che l'attività spesso eccellente che queste istituzioni svolgono rischi di nascondere (uff, di nuovo problemi di visione!) la necessità più capillare e quotidiana che la città si ripopoli stabilmente, a livello residenziale, di ragazzi e ragazze di ogni angolo d'Europa e del mondo che qui possano costruire un fenomenale *hub* culturale ad ampio spettro.

Gli spazi?

Girando abbastanza l'Europa per lavoro, mi capita spesso di comparare, a volte inconsapevolmente, gli interventi di riqualificazione urbana avvenuti in alcune città a quelli che potrebbero essere immaginati (e anche realizzati, eh) a Venezia.

Ferme restando le evidenti differenze di scala e di "natura" del tessuto urbano, è però piuttosto naturale, ad esempio, quando si va nella zona di Holmen, a Copenhagen, non pensare all'Arsenale. Spazi di proprietà della Marina Militare, affacciati sull'acqua, riconvertiti in un quartiere in cui si fa convivere l'aspetto residenziale, quello d'incubazione di attività creative (ci sono atelier, studi, etc.), la presenza di alcune delle principali istituzioni formative nell'ambito artistico (c'è il Conservatorio di Jazz, ci sono le scuole di design, teatro, danza e cinema…), l'innovativo edificio dell'Opera.

Ma anche uno sguardo ai moli di Katendrecht, a Rotterdam, è interessante, magari immaginandosi un diverso utilizzo della zona della Marittima: luogo ormai riconvertito al food, all'arte, alla cultura e alla vita notturna, quello della città olandese, ma anche in grado di catalizzare le spinte creative delle nuove generazioni.

Gli esempi sarebbero tanti e in fondo l'idea di base è semplice: la visione è quella di una città che possa vivere.

In cui possa vivere una cittadinanza in parte nuova: una città in grado di attirare giovani, creativi, ricercatori, artisti, persone che possano riappropriarsi delle qualità relazionali di una configurazione urbana così unica, che ne colgano la natura di città/rete (che era presente ben prima del Web), di inesauribile punto di incontro di creatività e pensiero.

Mi piace immaginare una città aperta (ultimamente ne ha scritto anche un sociologo come Richard Sennett), i cui abitanti sanno affinare attraverso il confronto la capacità di fare fronte all'oggettiva complessità che ci circonda.

Può suonare vagamente paradossale, in anni in cui si invocano "chiusure", soglie d'accesso, che la chiave sia l'apertura – e di certo non mi riferisco a un'apertura indiscriminata al flusso predatorio turistico – ma è solo attraverso questo processo di apertura a una nuova cittadinanza, attraverso un riconoscere la priorità di nuovi obbiettivi, che si può vedere una città possibile, una città di un vivere collettivo che superi la classica tensione tra come una città è costruita e il modo in cui viene abitata.

Mi piace vederla, continuo a vederla anche laddove ancora non si vede.

Perché le occasioni, parlavamo prima di momenti di festa spensierata come la Sagra di San Giacomo, ma continuano a essere significativi anche altri momenti di presa di coscienza del bene comune, in cui i veneziani (quelli che già lo sono con fatica e quelli che potrebbero diventarlo se ci fossero le condizioni) si riconoscono e si sentono parte di qualcosa che non sia solo un ricordo o una cartolina, lo confermano in modo emozionante.

Mi piace vederla, un po' paradossalmente spinta in avanti dopo tanto ritardo, luminosa dopo tanta fatica.

Mi piace anche vederla specchiata nella sua controversa parte di Terraferma, ricca di potenzialità e utile come tutti gli specchi a sistemarsi al meglio nonché a scorgere pericoli inattesi.

Mi piace vederla, senza sbarazzarsi del problema, ma cercando di spostare lo sguardo – è la cosa che più ho imparato occupandomi di arti performative, quella che conta, in chi crea, in chi organizza e in chi vive l'emozione di una performance – e di proiettarlo dentro una comunità di cui in fondo sappiamo di voler far parte.

Souvenir de Venise

RENZO DI RENZO

Nemesi [nè-me-si] s.f. inv.
1 Avvenimento o serie di avvenimenti negativi che si ritiene seguano ineluttabilmente,
quale fatale compensazione, un periodo di particolare prosperità.
2 estens. Vendetta fatale riparatrice di un'ingiustizia, di una colpa
|| Nemesi storica, che fatalmente vendica, anche nel susseguirsi delle generazioni,
le ingiustizie, le colpe di cui si sono macchiati gli antenati nel corso della storia.

(Grande Dizionario Hoepli Italiano)

Ho chiuso gli occhi appoggiando la testa al finestrino, accompagnato dallo sciabordìo dell'acqua, e l'ultima immagine che vi era rimasta impressa si è dissolta piano, come una fotografia che emerge dall'acido, ma al contrario: la facciata del Redentore nel momento in cui si allinea simmetricamente alla cupola e ai due piccoli campanili di lato, il punto esatto da cui deve averla immaginata Palladio.

Sono scivolato nel sonno: un residuo di ombre, dopo è rimasto solo buio. Per un po' non è successo niente, anche i suoni si sono affievoliti, un campanile lontano, il richiamo del muezzin, una donna al cellulare. Poi, invece, c'è stato un rumore assordante: non ho mai sentito esplodere davvero una bomba, solo quelle nei film – quante cose pensiamo di aver vissuto e abbiamo invece solo visto – ma se dovessi descriverlo adesso, direi che sì,

35

era decisamente il rumore di una bomba. Improvvisamente mi sono sentito scaraventare nel vuoto, in assenza di gravità, come un astronauta che avesse perso il contatto con la navicella. Ho pensato subito ad un attentato, forse quel ragazzo serio, con la barba, che stava leggendo il Corano, seduto nelle prime file: ormai ci hanno abituato ad avere paura e un po' di razzismo si è conficcato inconsapevolmente sotto la nostra pelle. Se vedessimo un giovane occidentale leggere la Bibbia ci troveremmo piuttosto a sorridergli, e lui risponderebbe sicuramente un po' timido e impacciato, come si addice ad un seminarista: ci sono ancora giovani così, non sono poi tutti apatici, superficiali, sempre con il telefono in mano, e via tutto il repertorio dei luoghi comuni.

Eppure, se potevo ancora pensare, forse non doveva essere stata davvero una bomba. Allora ho immaginato la grande onda di Hokusai, "che cambiò il nome in Litsu", e quelle barche lunghe in balìa del mare. Poteva essere un'onda anomala e quella in cui mi trovavo allora non era aria: era acqua, tantissima acqua che mi turbinava intorno, ed io con lei e le mie povere cose, il libro che avevo appoggiato alle ginocchia, lo zainetto con il computer, gli occhiali. Ma questo non è il mare, pensavo, non è possibile: questa è laguna – 'Venise est lagune', come recitava il libro che stavo leggendo ed ora galleggiava davanti a me – è sempre stata piatta, immobile, e le uniche onde sono quelle formate dalle imbarcazioni a motore, onde prigioniere, pavide, incapaci davvero di andare, costrette a sbattere contro una riva e ritornare. E se fosse stato proprio questo, allora? Il passaggio fatale dell'ultima grande nave che lo scherzo di un armatore aveva voluto battezzare con il nome di Caronte? Oppure era successo davvero, finalmente, e Venezia stava affondando come stavamo aspettando tutti da sempre, inerti, profetici e rassegnati a dispetto dell'ingegno leonardesco e della cialtroneria tutta italiana che aveva eretto barriere contro il nulla, e con ironia pari a quella dell'armatore le aveva chiamate Mose.

Avrei voluto gridare, parlare con qualcuno – quella signora al cellulare, vicino a me, con la busta della spesa arancione, dov'era finita? – ma ogni volta che aprivo bocca, l'acqua mi si insinuava nei polmoni e non riuscivo non solo a parlare ma nemmeno a respirare. Stava succedendo davvero? È questo, quindi, quello che si prova? C'era quel racconto che avrei voluto scrivere, sulla fine del mondo e sulle persone che avremmo voluto incontrare, e c'era questa ragazza ormai quasi quarantenne, nata con la fecondazione eterologa, che aveva scoperto l'identità del suo vero padre attraverso il test del DNA e un database on-line, e si metteva in cammino per cercarlo. Chissà se l'avrà mai incontrato? Mi sarebbe piaciuto saperlo, ora: perché non l'ho mai scritto, quel racconto? Mi ero appuntato il titolo che mi sembrava bellissimo, '*C'era una cosa che volevo dire*', e mi ero immaginato soltanto che suo padre le chiedesse perché e lei semplicemente rispondesse così: c'era una cosa che volevo dire. Quante cose avrei voluto dire io, ora. Quante cose avrei voluto dirti. Quante cose non ho mai detto. Mi tornava in mente anche l'*excerpt* di Böll: "*io sono un clown, e faccio collezione di attimi*". Dunque è sempre e solo una questione di attimi, fino alla fine? Prima ero un passeggero stanco tra i tanti di un vaporetto affollato, avevo finito tardi la mia lezione, girato per ore ai Giardini della Biennale, incontrato molte persone, parlato almeno quattro lingue di cui due sconosciute: è questo quello che faccio a Venezia di solito, ed ora non ero più niente, oppure cos'ero? Un respiro mancato, una sensazione asfittica di soffocamento che mi annebbiava la vista e il cuore, ma non stavo davvero male. Ricordavo di aver letto, piuttosto, che la carenza di ossigeno determina l'accumulo di anidride carbonica al cervello, provocando sensazioni di euforia, confusione, vertigini. È una pratica sessuale in voga tra la comunità bondage che prevede impiccagioni, sacchetti di plastica, gas, strangolamenti vari proprio per intensificare l'orgasmo. Io mi sentivo così, più leggero ed etereo, fluttuavo sulle cose e le case, sopra i campanili e le chiese, i palazzi veneziani, come in un quadro di Chagall, e avrei voluto che ci fossi tu a prendermi per mano e sussurrarmi che "fuori il cielo ci chiama", ma non c'eri tu e nemmeno più il cielo, sopra di me, ma acqua, acqua, acqua, solo acqua e ancora acqua.

Ti avrei fatto vedere allora tutti i posti che conosco, quelli che attraverso, la bottega con scritto *"non bussare sul vetro"* che per anni non ho capito e poi un giorno il mistero si è rivelato, ed era un gatto a cui piaceva stare in vetrina, mettersi in mostra tra abiti e ammennicoli vari. E poi gli orizzonti estremi, la Giudecca e le Fondamente Nove, i giardini nascosti dietro i muri scrostati, le calli che finivano nel nulla e molte altre cose.

Venezia sott'acqua sembrava ancora più bella, cristallizzata nella sua forma originale, diafana, gli alberi come posidonie marine e la pietra rossa dei palazzi che ricordava il corallo. Ci passavo sopra come un angelo o un aviatore, e da qualche parte ci saranno stati certo anche due amanti abbracciati, come a Pompei, fuoco che brucia sotto la cenere per sempre, io e te. Anche tu sei Venezia. Quante volte ho sorvolato con le mani la curva delle anche, l'interno delle cosce, quella zona franca e liscia sotto le ascelle, tra le scapole e il seno. Venezia non è la mia città, lo so, non lo sarà mai, e nemmeno tu, ma un luogo in cui perdersi e dimenticare, un labirinto del cuore, irreale eppure così vera, proprio come un sogno quando si sogna, con cose da fare, progetti, paure, figli, case da abitare davvero. Ma come faccio a fartelo capire, a spiegartelo bene, ora, se non ci sono riuscito ancora? Spiegare, poi, che bella parola da dire. Significa togliere le pieghe, come si fa con un foglio accartocciato, gettato in un cestino e poi ripreso, perché forse c'era qualcosa di buono, qualcosa che si poteva salvare, una frase, uno schizzo, un numero di telefono. La mano che stende i bordi come una carezza sul viso, che addolcisce le rughe. Le pieghe non sono che i segni del tempo e per quanto tu ci passi sopra, con tutta la cura, la sollecitudine e l'amore del mondo, resteranno per sempre. Venezia è una vecchia città che non vuole invecchiare, vive nell'istante dell'abbandono, proprio come un'amante, collezionista di attimi eterni, per cui non conta il prima o il dopo, il mai o il per sempre. Venezia non ha storia, vive nel presente, è contemporanea da quando è nata, e per quanto possa apparire strano è il prototipo stesso della modernità: a chi mai potrebbe venire in mente, oggi, di costruire una città sull'acqua? Te lo vedi il geometra del Comune girare per gli uffici, con il plico del progetto di Venezia sottobraccio e in mano il timbro per vidimare?

Stavo passando sopra le Procuratie Nuove, all'altezza della Biblioteca del Museo Correr: quanto tempo vi ho trascorso a decifrare manoscritti di un autore sconosciuto, con la curiosità e l'entusiasmo di un bambino ogni volta che un'ipotesi trovava conferma in un dato, una firma, una corrispondenza. Vedevo volare intorno a me fogli, microfilm, volumi rilegati, manoscritti del Settecento in lingua dialettale, volevo correre anch'io "*anzi svolà rapidamente / per salvar quela mia Dori innocente*"[1] e mi sentivo sospeso nel tempo e non solo nello spazio.

[1] A.M. Barbaro, *L'incendio del convento dei Servi*, 1769.

C'è una parola inglese che mi ha sempre affascinato, forse perché fa parte del titolo di una delle canzoni più belle dei Beatles, 'Nowhere Man'. Tu forse nemmeno lo sai e la consoci, ma è proprio quella la canzone che ho scelto per il nostro amore. La cantavo sotto voce quando ti venivo a trovare. *"He's a real nowhere man, sitting in his nowhere land, making all his nowhere plans for nobody. Doesn't have a point of view, knows not where he's going to, isn't he a bit like you and me?"*[2]. Nowhere significa in nessun luogo, ma è sufficiente cambiare lo spelling perché *No-where* diventi *Now-Here*. In nessun luogo: qui ed ora, appunto, come Venezia, come noi. Non abbiamo una storia, non abbiamo un futuro eppure continuiamo semplicemente a vivere, sorvolando le cose e la città con la leggerezza di un uccello e non di una piuma, come avrebbe detto Paul Valéry. E infatti adesso qui, in mezzo a tutta quest'acqua, non sono che un pesce con le ali, e sto volando da te come se fosse davvero l'ultimo giorno del mondo.

La signora con la borsa della spesa arancione mi ha sorriso, passandomi accanto, inseguendo il suo cellulare. Anche il ragazzo musulmano questa volta ha sorriso: staranno andando anche loro a un appuntamento? Chi avranno scelto di incontrare? Che idee si saranno fatti loro di tutto questo, di questa città e dell'amore? E quante altre persone si staranno cercando ora a Venezia, ben sapendo che questa è una città in cui ci si perde, piuttosto, e difficilmente ci si ritrova? E poi non c'è più tempo, davvero, e non perché sia tardi: letteralmente, non c'è proprio più tempo, è finito, game over.

All'improvviso è cominciato a nevicare. Non ci ho fatto caso più di tanto, a volte succede anche qui. Era una neve sottile,

[2] J. Lennon / P. McCartney, *Nowhere Man*, 1965.

come quella del sud, assomigliava a piccole palline di polistirolo, atomi di confusione, ma poi mi è parso di scorgere qualcosa, più in alto, sopra la superficie dell'acqua, un occhio più grande della città stessa ed una mano enorme, l'eco di una risata. Allora ho capito. Non era esplosa nessuna bomba e nessuna onda anomala si era abbattuta sulla città: Venezia non era stata sommersa davvero, o almeno non come avevano predetto e immaginato gli esperti. Alla fine non era stata la metafisica delle cose a cedere per prima, non era stato il mare, il riscaldamento globale, il lento abbassamento del suolo: non era stato il corpo ma lo spirito a collassare, la malinconica e allegra decadenza morale, l'apatia intellettuale, esattamente com'era successo alla fine del Settecento. *"Più ch'l spirito vedo assae l'inezia / Più che saviezza vedo chiasso e riso* [...] *Vedo arti e comercio zo de strada / Vedo lusso, superbia, ozio e gola... / Ah! Venezia d'un dì dov'estu andada?"*[3].

Venezia era stata inondata da una massa di liquami estetici, immondizia culturale, escrementi artistici, fino a trasformarsi essa stessa in un souvenir, una di quelle palle di vetro con la neve, come nemesi e conseguenza del mercimonio che se n'era fatto nel corso degli anni. Tutte quelle gondole di plastica, tutte quelle maglie a righe, tutti quei cappellini di paglia e specialità veneziane; tutti quei merletti e vetri *"Made in China"*; tutti quei selfie con il bastoncino e il sorriso idiota, la bocca tirata in una posa innaturale; tutte quelle havaianas e sandali portati sui calzini bianchi; tutti quei costumi e quelle maschere fasulle; tutti quei matrimoni posticci e quei tramonti dalla parte sbagliata; tutto quel nulla, tutte quelle voci senza parole, ora finalmente ritrovavano un

[3] A.M. Barbaro, *Il malcostume in Venezia*, 1777 c.

senso, il loro luogo ideale, il camposanto delle emozioni. Ancora una volta Venezia ci aveva voluto stupire e precedere la fine con un ultimo sussulto di dignità, obbedendo a un suo biotestamento etico, contro ogni accanimento terapeutico, per alleviare le sofferenze di una morte lenta ma inevitabile. In fondo era meglio così: era comunque un destino, un progetto ancora una volta innovatore, una nuova visione per il futuro e la conservazione della città, che prevedeva tra l'altro la sostituzione dei piccioni in Piazza San Marco con dei conigli bianchi e l'elezione a sindaco, con delega alla cultura, di Mickey Mouse.

Io, alla fine, sono rimasto qui, intrappolato come un figurante all'interno della rappresentazione, continuo a nuotare o volare sopra i tetti delle case, non ho capito ancora bene e in fondo non mi interessa granché: ti sto venendo a cercare, per vivere insieme in questa bolla indifesa, finalmente fuori da ogni cosa, sospesi nel tempo e nelle parole.

VeZENia

CRISTIANO DORIGO

Cit: *"...Lo Zen non è affatto una filosofia, accostarsi allo Zen come se fosse una filosofia è come iniziare camminando su una strada sbagliata fin dall'inizio. La filosofia appartiene alla mente, mentre lo Zen è totalmente al di là della mente, un processo dell'andare al di sopra della mente, lontano; un processo di trascendenza e superamento della mente. Non puoi comprenderlo con la mente, la mente non ha funzione alcuna, in esso..."*.

Venezia è indefinibile, come lo zen che non si presta a farsi dire, a farsi raccontare, ma solo a farsi esperire. Le parole non sempre possono spiegare, mostrare tutto, tantomeno il nulla. Figuriamoci Venezia.

Questi sono per me giorni convulsi, difficili, come lo sono tutti i cambiamenti radicali. I pensieri girano confusi e veloci, la mia scrittura ne risente, esprimendo la sostanza in forma confusiva.

Sto per andare ad abitare il mio ottavo appartamento nel solo Comune di Venezia (tralascio quelli situati altrove). Fare un trasloco mentre si sta co-curando un libro con più di venti autrici/ori è una coincidenza temporale prossima all'annientamento di sé; ma bisogna sapersi in qualche modo raccogliere, radunare i propri pezzetti sparsi e rimettere insieme la persona nuova che uscirà da questa nuova fine, per ricominciare. Per inciso: delle otto case in cui ho abitato qui a Venezia, solo due erano in centro storico – la città insulare per intenderci –; le altre sei in Terraferma. Quale Venezia vorresti? Abbiamo chiesto agli autori; e tu – mi dico – quale Venezia desideri? Non lo so, mi rispondo; o forse sì.

Questo mio contributo è lo specchio di quanto appena detto: la mia vita sta prendendo una nuova direzione e solo qui, in questa piccola città di enorme importanza, è stato possibile scriverlo, in virtù del fatto che io sono anche Lei, e Lei è anche me. Chi sia Lei, mi pare chiaro. Chi sono io invece, attiene al mistero.

Vorrei raccontare due episodi: uno ispirato dalla realtà, l'altro in forma di sogno. Poi aggiungerò altro, in ordine sparso.

Episodio numero uno.

È un giorno di pioggia, il cielo nero, poca luce, nuvole basse fanno da cappa alla città.

Si sentono un urlo e un'offesa detta con tono e linguaggio primordiali.

Vedo un ragazzo scendere e correre e fare gesti inconsulti all'autista.

Arriviamo al semaforo, il ragazzo continua a correre accanto al bus.

Semaforo rosso, l'autista apre le porte, scende, l'altro scappa.

« Vieni qua », gli dice, « se hai coraggio. Stronzo », aggiunge poi. Risale soddisfatto di sé, della fuga dell'altro, dell'apparente dominanza momentanea.

Per tutta la strada, il ragazzo corre, l'autista lo guarda.

Attorno a noi, uno dopo l'altro, negozi chiusi con scritto "*Vendesi*" o "*Affittasi*". Su una trentina, almeno quindici hanno il cartello in vetrina e le serrande abbassate.

E siamo in centro, in una zona dove pochi anni fa la vita pulsava.

L'autista guida nervoso, è tutto un susseguirsi di frenate e accelerazioni brusche, di commenti spigolosi a voce alta. Insulta chiunque esista e si muova nel percorso che lo separa dalla meta, dal capolinea. Guarda sgomento gli specchietti, da cui si può vedere il ragazzo.

Siamo nei pressi delle fabbriche di Porto Marghera che non soffiano più fumi mortiferi. Tacciono qualsiasi rumore, restano immobili, vanno incontro all'abbandono poco alla volta, senza fretta.

Questa città sta morendo, penso.

Questo Paese sta marcendo, penso.

All'improvviso una botta.

Una frenata.

Davanti al bus il ragazzo giace a terra.

Episodio numero due.

L'altra notte ho fatto un sogno.

Ero nei paraggi di Rialto, in mezzo alla calca. Ero arrabbiato, sudato, nervoso: avrei avuto voglia di spingere qualcuno a terra, o di sollevarlo di peso e buttarlo in canale. Erano tutti in posa, coi sorrisi standard che si vedono in rete.

A un certo punto un tipo aveva iniziato ad alzare la voce, a richiamare tutti; erano sbucate telecamere, droni e iniziato un baccano infernale dovuto ad almeno una ventina di elicotteri che invadevano il cielo. In mezzo alla confusione cercavo di capire cosa stesse succedendo e uno che pareva sapere tutto, mi aveva detto che quel giorno una multinazionale asiatica produttrice di smartphone stava girando uno spot pubblicitario: diecimila selfie in simultanea in centro storico. A circondare le comparse, c'erano altrettanti curiosi che scattavano foto a quelli che si facevano i selfie.

Arrivava il momento x, scandito da un conto alla rovescia in inglese, e proprio nell'attimo successivo allo zero, un rumore dapprima sordo, poi crescente fino allo scoppio, deflagrava; la città tutta iniziava a vacillare, a tremare, e poco alla volta le case, i ponti, i palazzi venivano inghiotte da un'enorme voragine, in diretta mondiale.

Mi sono svegliato piangendo di rabbia, tremante, sconsolato, ma sollevato di essere ancora vivo, la mia città indenne.

Amo le canzoni tradizionali veneziane, in particolare quando sono cantate dal Coro dei Gondolieri. Ricordo distintamente una sera a Santa Margherita, ero giovane, e coi miei genitori assistevamo a un concerto del coro: mi ero improvvisamente sentito immerso in un'altra città, quella che avevo conosciuto da bambino, e che non c'era più a dispetto della canzone che stavano cantando in quel momento.

"...*Mamma e papà cinquant'anni fa,*
sposi a Venezia arrivarono
e per ricordo comprarono
una gondola col carillon!
...
Tutto è cambiato ormai...
Venezia no, Venezia no, non cambierà mai!
e se a Venezia vai
come a quei tempi di Goldoni la vedrai...
Cambiano le città...
Venezia no, Venezia no, ..."

Che città vedrebbe Goldoni oggi? Non più quella della canzone, non più immutata, immobile, immodificata e immodificabile: ora è una città complessa, multiforme, paradossale che circonda la laguna, che io amo di un amore silenzioso, sotterraneo, che a volte mi sorprende; altre la odio, ma ogni volta che la cammino, mi addolcisce e rasserena.

Sono andato a vivere nella mia casa veneziana numero sette, Terraferma – zona primo Terraglio –, nel 2013, dopo quasi sette anni di provincia. In quei sette anni ho frequentato Venezia per lavoro, ma lavorarci non è come abitarla. Al mio ritorno da residente ho notato cambiamenti che prima avevo solo sfiorato, di cui avevo sentore, condizionato però dalla sacralità del mito che ha sempre ostacolato la possibilità di vedere quello che è, piuttosto di quello che sarebbe se. Il colore era il nero, che usciva dall'aura delle persone per strada, negli autobus, tram, vaporetti, ai tavolini dei bar, al bancone della pasticceria la mattina, quando facevano colazione e l'africano fuori a caritare, a mettergli in subbuglio la digestione più del disagio della brioche tra i denti bianchi. Il mito della mia città, l'orgoglio che ho sempre avuto nel sentirmi veneziano, la consapevolezza delle sue grandezze e delle pochezze, a favore delle prime – nascondendo dietro il dito le seconde.

Quando è stato che siamo diventati 'sta roba qua; dov'è la mia città, dove sono i miei concittadini, la mia casa grande fatta di tante parti diverse?

Questo è il terzo progetto che co-curo per reagire a qualcosa che ho l'impressione mi sia scivolata dalle mani, la cui prossemica mi impedisce la vicinanza, il cui linguaggio è diventato pesante, rivendicativo, mediocrizzando il lessico, e perciò le prospettive e i pensieri.

Quando abitavo nella mia casa numero sei – Terraferma oltre il cavalcavia, in un appartamento della città giardino a un paio di cento metri dalla zona industriale – il colore dominante era il bianco sporco. Avevo assistito all'assoluzione dei vertici del Petrolchimico che mia figlia aveva tre anni; e allo sversamento della Versalis che a momenti ci faceva saltare tutti per aria, che ne aveva quattro: ci eravamo barricati in casa con porte e finestre sbarrate con stracci bagnati, e bisognava trasformare le sirene in gioco, la voglia di piangere in sorriso, le bestemmie in vezzeggiativi da cartone animato, mentre lei, innocente, giocava a mamma casetta pensando bastassero una madre, un padre, una casa, per essere felici.

La quinta casa in città era in una laterale di Via Miranese, una delle cinque vie terrestri per entrare-uscire dalla città. Una zona periferica senza infamia né lode, uguale per climax a tante altre nel mondo, nella quale c'è tutto ma manca sempre qualcosa che faccia vibrare l'esistenza, salvo la ferrovia attigua che al frequente passaggio dei treni – cui ci si abitua, come a tutto – faceva tremare i vetri delle finestre. La associerei a quel colore strano: una via di mezzo tra il marrone e il rosso, il ruggine tipico dei vagoni merci. La ricordo solo per il vuoto, l'amnesia, come se vivere in zone come quelle, fosse come vivere tra parentesi e là arrivasse solo l'eco della vita che si consuma da altre parti, a distanza di chilometri, di colori, di orizzonti, di sorrisi.

La quarta casa si trovava nei paraggi del cavalcavia, dove oggi stanno costruendo in serie tutti quegli ostelli. Ha un valore particolare: era il '98, mia figlia ha vissuto là il primo anno di vita. Niente è stato più come prima; lei è ormai una giovane donna, io un uomo affatto giovane, ma connesso a lei e al mondo in modo più consapevole. Le assocerei il colore rosa, come il fiocco che mia madre aveva voluto appendere alla porta di ingresso, a dare il benvenuto a una parte indiretta di sé, qual è una nipote. Era al quarto piano e ricordo ancora le sfacchinate con la bicicletta che portavo fino a casa per lasciarla in terrazzino a causa del rigore del regolamento condominiale, e lo stesso facevo con la carrozzina. Ma ero giovane, felice neo padre e nulla mi pesava. Bastava andare su, coccolarla, farle il bagno su una piccola vasca, e tutto si trasformava in armoniosa beatitudine.

Poco tempo fa ho visto un video in cui una rissa di almeno una ventina di persone si svolgeva proprio dietro quella casa. Le città sono vive, le zone pulsano di cambiamenti pur nell'immutato aspetto degli edifici che osservano immobili le vicende umane.

La terza casa è quella di quando ci siamo ritrasferiti nel quartiere dov'ero nato, in mezzo tra Santa Marta e l'Anzolo Rafael, un tempo zona vivacissima di persone, oggi straripante di studenti universitari. L'associo al colore rosso scuro, come l'intonaco che l'abbracciava, caldo e discreto. Facevo il militare allora: ero un caporale poco propenso alle regole della caserma quando indossavo la divisa, per poi tornare a essere, in abiti civili, una sorta di ribelle con un'altra divisa che confondevo con una forma artistica di libertà – e forse lo era, forse no. È l'ultima casa in cui ho abitato, per poco, coi miei genitori. Ci vive ancora mio padre, ci è morta mia madre, ne ho parlato in alcuni racconti, ci sono molto affezionato. Sto seriamente pensando di passarci la vecchiaia, immaginandomi passeggiare contemplando la vita al ritmo lento, misurato e claudicante di chi ha riconquistato il proprio tempo e non ha più alcuna necessità di fare in fretta.

La seconda casa, vicina al vecchio deposito ACTV degli autobus e alla chiesa a pagoda dalle parti di Via Aleardi, è stata l'abitazione più importante dal punto di vista formativo, e in parte deformante. Lo ricordo con misurata nostalgia, come appartenente a un'altra epoca: il colore è il grigio, come l'asfalto, le fabbriche nella vicina Porto Marghera. Lì ho frequentato le scuole dell'obbligo, seguite dall'obbligo di proseguire con le superiori, cambiando ben tre istituti perché a quell'età, già allora, non sapevo rassegnarmi ad alcun dettame, e gli obblighi erano il mio nemico giurato. La città in cui mi muovevo coi pochi amici fidati corrispondeva a tutto il territorio urbano, e in ogni quartiere avevo contatti, amicizie, interessi di vario genere. I tempi di spostamento della città di Venezia sono molto lunghi, paragonabili a quelli di una metropoli, pur non essendola. Ed era già allora città complessa, multiforme, bellissima e fumante e colorata e storta e unta e settaria e generosa.

La prima casa è quella che ho abitato da zero a sei anni. Si trova in una zona attigua a Santa Marta, ai Mendicoli, e ci abita ancora mia zia. È vicina alla terza, dove vive mio padre, in una zona nascosta da un portoncino che la preserva, assieme a poche altre, dal fuori. Il colore è il verde dei giardinetti che stanno di fronte alle case, e ciascun proprietario si gode il suo pezzetto. Ma è verde anche l'acqua che l'ha raggiunta, unica volta che io sappia, nel novembre '66, durante la cosiddetta "*aqua granda*": è il mio primo vago ricordo. In quei primi anni di vita l'acqua era una costante, ed è diventata per me un marchio di cui ho un bisogno primordiale. In quegli anni felici, la città era viva, abitata, vissuta. Ricordo le sere d'estate, le donne portavano fuori le sedie e si mettevano a *ciacolare* per farsi compagnia, scambiare pareri e informazioni, affrontare insieme il caldo. A me è sempre sembrato bellissimo quel modo di farsi compagnia, di condividere spazio e tempo e pensieri, di sentire che il mondo e la gente non sono il fuori, non rappresentano un nemico. Venezia allora era molto più abitata, partecipata, vissuta.

Ora mi sto per trasferire nella casa numero otto. Non so ancora come sarà, se non che come quelle di centro storico e di Marghera, si trova in un quartiere le cui caratteristiche sono peculiari della città lagunare: il Villaggio San Marco è una zona materna, accogliente, vivace, capace di smussare le contraddizioni, di far coabitare svariate umanità. Le associo il colore bianco del foglio ancora da scrivere.

La Venezia che vorrei ha tutti quei colori, tutta quella gente, quel sentirsi parte di qualcosa che ci contiene e che conteniamo. E oltre a questi, ci aggiungo il colore del cielo che tante volte ho fotografato, le infinite sfumature dell'acqua, la sabbia del lido, la barena; e se ci fosse, il colore del silenzio che ti avvolge in certi angoli, lo stupore di certe prospettive, i mattoni delle case su cui rimbalzano i passi a notte fonda, il privilegio di abitarla, il dovere di lottare per preservarla.

Di idee e di pratiche ce ne sono tante, molte delle quali esposte in questo volume, e sarebbero semplici e a portata di realizzazione senza grandi stravolgimenti dell'esistente. Basterebbero persone capaci di sguardo gentile, di intelligenze che sappiano dire di no alla bramosia. Basterebbe bucare la bolla speculativa con uno spillo per sgonfiare la boriosa e insaziabile fame degli affaristi. Basterebbe mettere insieme un po' di gente che ragioni ad ampio spettro, che si informi, che sappia cogliere gli esempi virtuosi applicati all'estero. Poche persone che sanno di storia, sociologia, architettura, psicologia, urbanistica, pedagogia, letteratura e sarebbe fatta.

Forse.

La Venezia che non vorrei

Gianni Favarato

Non sono veneziano, sono uno "di campagna" – come ricorda Marco Paolini nel suo '*Il Milione*' – come i veneziani apostrofano chiunque non viva in laguna.

Se ci fossi vissuto, forse, mi sarei accorto prima di cosa è successo a Porto Marghera. O forse no, come gran parte di loro hanno, purtroppo, fatto.

Arrivavo a Mestre dalla provincia di Padova percorrendo la Romea, con vista sulla Laguna Sud che, da ragazzo, raggiungevo in bici con gli amici quando c'era la bassa marea, per raccogliere vongole e cappelonghe.

Imboccavamo Via Padana Superiore e poi Via Fratelli Bandiera con la nostra minuscola FIAT 500, e ogni volta ci stupivamo della moltitudine di operai che entrava e usciva dalle fabbriche per il cambio di turno. La laguna non si vedeva più: al suo posto c'era un paesaggio infernale, giganteschi capannoni industriali, grossi serbatoi e cisterne di tutte le forme, enormi gru, ragnatele di tubazioni chilometriche, fumaioli a perdita d'occhio, alte torri, torce di cemento o metallo che sputavano fuoco e una fumosa nebbia che avvolgeva tutto.

Lasciavamo l'auto vicino alla raffineria e poi con il bus fino a Piazzale Roma per fare un giro a Venezia, negli occhi ancora il profilo inquietante del Petrolchimico e delle altre fabbriche che contornavano il *waterfront* di Porto Marghera, riducendo ad un anonimo e amorfo specchio d'acqua il tratto di laguna tra Mestre e Venezia.

Porto Marghera e il Petrolchimico li ho conosciuti da vicino molti anni dopo, a metà degli anni Novanta, quando sono arrivato in redazione a '*La Nuova Venezia*' ed era iniziato lo smantellamento delle grandi fabbriche.

Era cominciata, tra mille difficoltà, reticenze e ritardi, anche la presa di coscienza dei danni ambientali e sanitari che la petrolchimica aveva causato a lavoratori, popolazione e laguna. Del resto solo nel 1990 è stata cancellata la delibera votata all'unanimità in un consiglio comunale del 1962 che testualmente diceva: "*nella zona industriale di Porto Marghera troveranno posto prevalentemente quegli impianti che diffondono nell'aria fumo, polvere o esalazioni dannose alla vita umana, che scaricano nell'acqua sostanze velenose e che producono vibrazioni e rumori*".

Ero in redazione da qualche mese quando si presentò Gabriele Bortolozzo, ex-operaio addetto al ciclo del CVM (cloruro di vinile monomero) in Petrolchimico, con in mano un voluminoso dossier sulle "morti bianche" di tanti suoi ex-compagni di lavoro uccisi dopo lunghe sofferenze da tumore, che pochi giorni dopo avrebbe presentato alla Procura della Repubblica. Toccò a me ascoltare le tante drammatiche storie da lui raccolte che poi sono state al centro dell'indagine avviata dall'allora pubblico ministero Felice Casson, che alcuni anni dopo chiese e ottenne – nel 1997 – il rinvio a giudizio di 31 dirigenti di Montedison ed Enichem per 260 operai (157 deceduti e 103 ammalati) vittime delle micidiali patologie cancerogene attribuibili alle esposizioni tossiche a cui erano costretti nei luoghi di lavoro.

Sui dirigenti dei due "big" della chimica italiana pesavano accuse molto pesanti: strage colposa, disastro ambientale, omicidio colposo plurimo, lesioni, omissioni di cautele sui luoghi di lavoro, avvelenamento di acque e alimenti, abbandono di rifiuti tossici e realizzazione di discariche abusive.

Ho seguito gran parte delle 150 udienze del maxi-processo che si è concluso con più di un milione di pagine di verbali, il 2 novembre del 2001: tutti gli imputati furono assolti in primo grado sia per le morti dei lavoratori che per l'inquinamento della laguna; in compenso lo Stato ottenne da Montedison ed ENI risarcimenti volontari per i danni ambientali causati. Solo nel dicembre 2004 la Corte d'Appello di Venezia condanna per omicidio colposo 5 ex-dirigenti Montedison a un anno e mezzo di pena, confermata in Cassazione.

Nessuna condanna è arrivata per i danni ambientali che sono stati materia di dibattimento da parte degli esperti portati dalla difesa e dall'accusa per decine di udienze. Eppure i danni al complesso e fragile ecosistema lagunare e alla qualità dell'aria e della vita di chi la abita ci sono stati, sono enormi e non sono stati riparati che in piccolissima parte. Nel frattempo altri cicli produttivi fondamentali del Petrolchimico sono stati chiusi, malgrado l'ostinata protesta degli operai, saliti sulle torri più alte per difendere il loro posto di lavoro. Proteste purtroppo inutili, che hanno soltanto protratto l'agonia di produzioni petrolchimiche, colpite ormai mortalmente dalla concorrenza di un mondo globalizzato.

Oggi solo un terzo dei vecchi impianti petrolchimici e siderurgici sono sopravvissuti.

"Un giorno la storia di Porto Marghera sarà raccontata come una fiaba", scrivevano i giornali nell'anno 1925 commentando l'inaugurazione della prima fabbrica chimica voluta dal conte Giuseppe Volpi di Misurata, acceso sostenitore del nascente Fascismo e di imponenti progetti come la costruzione di una grande "città industriale" nella laguna di Venezia. Ma a tanti anni

di distanza la fiaba si è trasformata in un'immane tragedia umana, ambientale, sanitaria, economica e sociale.

Il risultato è che oggi Porto Marghera è una delle aree industriali più estese e avvelenate d'Italia (1.618 ettari), la più studiata e, insieme all'ACNA di Cengio e Bagnoli (Napoli), ai primi posti della lista dei "Siti industriali d'Interesse Nazionale" in attesa di bonifica previsti dalla Legge 426 del 1998. Per questo è stato messo a punto – da enti e istituzioni locali – un voluminoso Master Plan, sorta di vademecum sullo stato dell'inquinamento a Porto Marghera e sulle opere di contenimento e di risanamento ambientale dell'intera laguna – un ecosistema unico nel suo genere, una delle più preziose, fragili ed estese aree umide di acqua salata e salmastra d'Europa.

Prima le grandiose opere idrauliche realizzate oltre cinquecento anni fa dalla Serenissima Repubblica per arrestare il naturale processo di interramento della laguna causato dalle foci dei fiumi, poi la nascita del polo industriale di Porto Marghera, ne hanno progressivamente e strutturalmente modificato la morfologia, il paesaggio e i movimenti idrodinamici che caratterizzano l'avvicendarsi delle maree.

Marghera – che deriva da *malghera* che in dialetto veneziano significa "c'era il mare" – è nata rubando spazio alla laguna. Migliaia di ettari coperti da specchi d'acqua e barene che fungevano da sfogo del continuo scambio di acque determinato dalle maree, sono stati imboniti dall'uomo con terra e residui di produzione per far posto alle banchine portuali della zona industriale, agli impianti chimici e siderurgici, al traffico di petroliere e navi cisterna sul Canale dei Petroli (Malamocco-Marghera), profondo dieci volte di più del livello medio della laguna. Interventi che hanno comportato un forte aumento della portata delle maree, fino a sconvolgere la linea di spartiacque e favorire così l'inondazione di buona parte del centro storico di Venezia in occasione delle maree più alte.

Logica e buon senso vogliono che per risanare questa grave situazione di inquinamento globale – che dai suoli si riversa nelle acque, contaminando la fauna ittica e gli uomini che di essa si cibano – si debbano effettuare due essenziali operazioni. La prima è quella di "tappare le discariche", in modo da evitare che attraverso di esse filtrino in laguna e nelle falde sotterranee i veleni ammassati dentro il "catino". La seconda, ovviamente, è quella di mettere le mani dentro il "catino" e togliere o isolare i materiali più tossici e nocivi.

Ma l'opera di marginamento (42 chilometri di palancole che dovrebbero fungere da "catino") non è stata completata e dal "buco" continuano ad uscire, riversandosi nell'attigua laguna, tutti i veleni di cui sono imbottite le discariche tossiche e le ex-aree industriali dismesse e mai bonificate. Purtroppo la necessaria bonifica non è nemmeno iniziata, salvo per alcune aree del porto. Fino ad ora sono stati spesi 800 milioni di euro – recuperati in gran parte dalle transazioni per i danni ambientali causati in laguna nell'arco di decenni dalle industrie attive a Porto Marghera – ma rischiano di essere buttati al vento, senza peraltro aver messo in sicurezza il fragile e complesso ecosistema lagunare. La "Muraglia" è un'altra delle grandi opere pubbliche cominciate ma non terminate a Venezia: aspetta il completamento degli ultimi 3,5 chilometri mancanti con la posa delle palancole e canalette di drenaggio che dovrebbero portare le acque di scolo dei terreni contaminati al depuratore di Fusina. Intanto le palancole già messe in opera negli ultimi anni cominciano a cedere e ad arrugginirsi. *"Siamo ancora in attesa che, come promesso, il Governo metta in campo le risorse necessarie a completare un'opera fon-damentale per il risanamento di Porto Marghera e il suo rilancio economico*" ha dovuto ammettere il deputato Alessandro Bratti, presidente della Commissione d'Inchiesta parlamentare sul ciclo dei rifiuti e l'inquinamento ambientale che nel 2015 ha redatto un dossier sulla mancata messa in sicurezza dei terreni inquinati di Porto Marghera e il mancato risanamento della laguna. Tre anni dopo le conclusioni dell'indagine della Commissione lo stesso Bratti ha denunciato, senza essere ascoltato, che la "*situazione ambientale ed economica di Porto Marghera è grave e diventerà sempre più grave se le istituzioni locali non prendono in mano la situazione e il Governo non garantirà i fondi per completare la messa in sicurezza delle sponde dei canali e bonificare le aree in-dustriali, altrimenti la riconversione e la creazione di nuovi posti di lavoro resteranno un miraggio. Ad ogni modo la nostra rela-zione è nelle mani della magistratura che deciderà il da farsi*".

Il fatto è che, ahinoi, a Porto Marghera sembra vincere chi la spara più grossa. La parabola discendente della centenaria e sterminata zona industriale di Porto Marghera è cominciata più di ventina di anni fa con le prime chiusure di grandi industrie. Da allora si sono viste solo aziende pubbliche e private chiudere i battenti e supposti investitori inaffidabili che ben presto si sono eclissati: dal favoloso e irrealizzato "*Palais Lumière*" alto più di 200 metri che lo stilista italo-francese Pierre Cardin – Pietro Costante Cardin – voleva costruire a ridosso del Parco Vega e del cavalca-ferrovia di Mestre, alle dubbie proposte di riutilizzo degli impianti di trattamento e incenerimento di fanghi conta-minati, come l'SG31, per trattare rifiuti pericolosi e speciali di mezza Italia, fino alle innovative centrali di biocarburanti di pri-ma generazione in riva ai canali proposte da Mossi & Ghisolfi, alla raffineria di oli vegetali che doveva essere realizzata nelle aree abbandonate dalle industrie del "ciclo del cloro". O, ancora, i mitici investitori arabi pieni di petroldollari che dovevano, ma non lo hanno fatto, comprarsi aziende decotte con bilanci fallimentari.

E ora, come se non bastasse, arriva la proposta del proprietario di un'area comprata con pochi spiccioli a Fusina alla ricerca di capitali di qualsiasi provenienza – camorra e riciclaggio compresi – per realizzare il Venice Europe Gate. Nel produttivo Nordest le centinaia di ettari di terreni, immobili e depositi abbandonati dalle ex-industrie a partecipazione statale e dalle multinazionali private della petrolchimica e della siderurgia (stimati con un valore complessivo di oltre 6 miliardi di euro) sono da anni "regno di nessuno", in attesta di essere ripulite dalle discariche e dai contaminanti che impregnano terreni, canali e valli lagunari. Ed è proprio per il loro stato di abbandono e per l'incertezza sulla futura destinazione urbanistica, che sono spesso nel mirino di piccoli imprenditori con manie di grandezza ma senza capitali (vedi i trevigiani Fiorenzo Sartor e la famiglia Dal Sasso che dovevano operare grandi investimenti manifatturieri nelle aree della ex-Vinyls ma hanno poi portato in tribunale i libri contabili per il fallimento), speculatori di ogni risma che contano sul basso costo delle aree più interne e inquinate di Porto Marghera, improbabili miliardari orientali che vorrebbero costruire torri con alberghi e ristoranti, negozi di lusso, darsene e ricche residenze con vista sul *waterfront* lagunare. Oppure, non meglio imprecisati investitori pronti a realizzare una nuova stazione marittima davanti ai depositi petroliferi e alla bioraffineria dell'ENI.

La Venezia che io vorrei e credo anche tanti veneziani vorrebbero non è certo questa!

Come un piroscafo

Posare i piedi sul medesimo suolo per tutta la vita
può provocare un pericoloso equivoco, farci credere
che quella terra ci appartenga, come se essa non
fosse in prestito, come tutto è in prestito nella vita.

Antonio Tabucchi

Si chiamava Calitea ed era una motonave della Lloyd Triestino, costruita nei cantieri navali di Monfalcone e varata nel 1933, l'anno prima della nascita di mio padre. Una motonave che mi piace però definire un piroscafo, per dare meglio l'idea della sua forma, che è quella che da bambini disegnavamo a scuola, con una poppa e una prua unite da una leggera curva e al centro un camino con il fumo che si attorciglia verso il cielo. Non le costruiscono più così, le navi: oggi le fanno assomigliare sempre più a delle auto, ma i bambini, loro, insistono nonostante tutto a disegnarle come si deve, col camino, la prua, la poppa, le bandierine, gli oblò, eccetera eccetera.

Il viaggio inaugurale della Calitea, nell'ottobre del 1933, partì da Trieste e toccò i porti di Venezia, Brindisi, Pireo, Rodi, fino ad Alessandria d'Egitto. Era lunga 102 metri, larga 15 e poteva portare 80 passeggeri in prima classe, 34 in seconda classe, 38 in classe turistica. Nel 1940, la motonave fu requisita dalla

61

marina militare italiana e l'11 dicembre 1941 venne silurata dal sommergibile britannico Talisman a circa 40 miglia a ponente dell'isola Sapientza. La nave affondò in tre minuti, morirono 155 persone e, per quanto ne so, la Calitea sta ancora là sotto, in fondo al mare della Grecia. Questo è quel che si trova in rete, digitando "motonave Calitea Trieste". La Storia, quella dei libri, delle enciclopedie. Poi ci sono quelle con la esse minuscola, di storie. Storie di marinai e passeggeri, di esseri umani con nomi e cognomi, e lì si deve lavorare di memoria, di memorie, andando a guardare indietro, cercare e ricercare, cosa che nessuno pare più voler fare, preferendo vivere alla giornata, nel presente assoluto e però senza ricordi, perciò vuoto, un qui e ora scandito da slogan, demagogie, e propagande. Ci si adegua alle bugie, oggi. Come se la Storia e le nostre storie più intime fossero degli impicci, degli ostacoli da ignorare o, peggio, da cancellare, e non costruiscano, invece, l'insieme di ciò che siamo, la nostra vita.

Nel 1939 – nessuno ricorda di preciso quale fosse la data e la mia ricerca in rete non ha, ahimè, potuto aiutarmi – mio padre, suo fratello e i loro genitori, sono costretti a lasciare l'Egitto, dove sono nati e cresciuti tutti e quattro, espulsi a causa della guerra imminente: all'epoca l'Egitto è un protettorato inglese, e loro sono ancora cittadini italiani. Si imbarcano – non so in quale delle tre classi – sulla Calitea da Alessandria con destinazione Venezia. Doveva comunque essere inverno, perché mio padre e mio zio ricordano che al loro sbarco, dopo essersi tolti le scarpe, hanno corso a piedi nudi su una strana sabbia bianca che aveva la bizzarra caratteristica di essere gelida. Questo episodio li accomuna curiosamente a un altro alessandrino di nascita ma anche lui italiano, che anni prima fece lo stesso percorso e la stessa corsa a piedi nudi sulla sabbia bianca e gelida e ne scrisse una memorabile poesia. Era Giuseppe Ungaretti. Poesia che scoprii all'università e ricordo lo stupore di mio padre, quando gliela lessi. Sono sicuro che fu per il contatto con quella strana sabbia gelida che poi, a quarant'anni, è diventato maestro di sci, forse il primo, probabilmente unico, maestro di sci "egiziano". Nella ricerca in rete, ho trovato due pubblicità della Lloyd Adriatico, due manifesti di quegli anni che annunciavano la linea turistica Adriatico, Grecia, Egitto, fatta dalla Calitea, viaggio quattordicinale. Dev'essere lo stesso itinerario fatto da mio padre e dalla sua famiglia nel 1939.

C'è una foto che li ritrae tutti e quattro, su uno dei ponti della nave. È sgranata, color seppia, di quella sgranatura che non ha nulla a che vedere con questo termine quando lo utilizziamo per le foto digitali. Non si tratta di pixel, ma di quell'opacità tipica delle foto d'epoca, che ne scandisce la provenienza, lontana nel tempo e, in questo caso, anche nello spazio. Nella foto, tutti e quattro guardano in basso, verso la banchina, dov'è piazzato il fotografo. E chissà chi era, il fotografo, se un parente, un amico, un professionista. Nessuno di loro sorride. Soltanto mia nonna – che non ho mai conosciuto, come mio nonno, del resto – accenna a qualcosa che è difficile, però, definire sorriso. Mio padre e mio zio sono visibilmente sorretti da mio nonno, troppo piccoli per riuscire da soli a sporgersi dal parapetto. È l'unica foto loro scattata in Egitto. O, almeno, è l'unica rimasta. Fino a qualche anno fa, per vederla dovevo andare in camera dei miei, dove sta da sempre. Oggi, ce l'ho dentro al telefono e posso guardarla quando voglio. E provare a raccontarla, anche.

Insieme a un'altra foto della Calitea, questa volta trovata in rete, presa dall'alto, da un aereo o da un elicottero e viene da chiedersi se fosse possibile, a quel tempo, anche per una compagnia come la Lloyd, affittare un aereo o un elicottero, per scattare una foto pubblicitaria. Oggi, basterebbe un drone da pochi euro. Sotto la foto, la didascalia *La Calitea a Venezia verso la fine degli anni Trenta*, ed è facile per me immaginare che si trattasse proprio dell'arrivo a Venezia di mio padre e della sua famiglia. E ce ne sono altre, di foto, in quel sito. Gli interni della motonave, del piroscafo Calitea. Due sole, in realtà: quello che doveva essere il bar, tavolini con poltroncine di legno e sedili imbottiti, forse rivestiti di velluto. In primo piano un tavolino – sistemato davanti alla statua, forse in bronzo, di una donna che sembra lavarsi la schiena con una spugna – con quattro sedie attorno, e posso immaginarli facilmente i quattro della mia famiglia seduti lì, a sorseggiare caffè e non so cosa, o vederli più tardi dentro la sala da pranzo dell'altra foto, poltroncine dai bordi dorati, schienali e sedute in vimini, calici di cristallo, tovaglie bianche e un piccolo vaso di fiori al centro del tavolo, bere un caffè o cenare durante la rotta Alessandria-Venezia, che oggi si percorre in una sessantina di ore e all'epoca immagino molto di più, visti gli scali intermedi. Chissà quanto resistevano, conoscendoli, mio padre e mio zio seduti a tavola, composti come immagino esigessero i miei sconosciuti nonni.

Nonostante le eleganti sale della Calitea, nonostante – immagino – la comodità delle cabine, non credo che i miei nonni fossero contenti di doversene andare. Non in quel modo. Resta dunque solo la foto di una famiglia che non sembra affatto felice del viaggio che sta per fare. Un viaggio definitivo: il paese in cui erano nati e cresciuti che diventa all'improvviso il nemico, la terra dove sei nato, hai studiato, hai lavorato, che ti diventa ostile (pare avessero trascorso la giornata precedente la partenza in un campo di concentramento inglese, che comunque nulla avevano a che vedere con quelli nazisti. Prigionieri, comunque). Cacciati da quella stessa terra che aveva accolto il mio bisnonno, decenni prima, arrivato dalla Trieste austroungarica. A loro è stato consentito di andarsene, ad altri no, finiti nei campi di concentramento inglesi, e rimasti lì dentro ben più che una sola giornata.

Non avrebbero mai più messo piede in Egitto, i quattro della foto, salvo mio padre, che è tornato ad Alessandria con mio fratello, una decina di anni fa, scoprendo aspetti della famiglia a lui stesso ignoti: entrambi i miei nonni sono morti giovani, non dando ai loro figli (cui si era aggiunta, in Italia, mia zia) il tempo di fare tutte quelle domande sulle proprie origini che ognuno di noi, a un certo punto, pone a raffica ai suoi genitori. Così, la storia della mia famiglia paterna è piena di quesiti, di vuoti, e di misteri, forse.

In un giorno del 1939, dunque, si sono imbarcati per un viaggio apparentemente turistico che però assomigliava molto, nelle motivazioni, nelle necessità, nelle dinamiche, ai viaggi dei profughi di oggi, che non hanno però l'opportunità di navigare su piroscafi o motonavi, che non pagano un biglietto per destinazioni prestabilite dove comunque, come nel caso dei miei, c'è il tuo paese d'origine ad accoglierti. Nulla a che vedere. La famiglia di mio padre sbarcò a Venezia, e Venezia li accolse nel migliore dei modi, nonostante il fascismo che, un anno prima, aveva promulgato le leggi razziali, nonostante la guerra imminente, perché Venezia è sempre stata così: aperta, accogliente, solidale. E con tutti, non soltanto con chi aveva il passaporto italiano. Oggi, anche Venezia, come il resto dell'Italia, sta inesorabilmente perdendo questa formidabile e però naturalissima caratteristica. La sta perdendo a causa di politiche becere. Si sta incarognendo, come il resto del paese. Quella che era una unicità a livello sociale, sta svanendo. Le cause: politiche locali (con lo smantellamento recente, da parte dei populisti al governo della città, di politiche sociali e di accoglienza che erano all'avanguardia in Europa) e politiche nazionali "sovraniste" e xenofobe. E, soprattutto, a causa di cittadini che si sentono finalmente autorizzati dalle istituzioni ad altrettanta beceraggine, pronta a trasformarsi in violenza verbale prima, fisica poi. Perché se parli di continuo all'intestino della gente, la gente finirà per ragionarci, con l'intestino. Un'inversione di rotta che rischia di fare perdere a Venezia la sua vera e storica identità. Venezia xenofoba e chiusa in se stessa è un controsenso, un'idiozia, è inaccettabile. I miei arrivarono in un luogo del tutto sconosciuto e nel giro di poco tempo si rifecero una vita, attraversando pressoché indenni le difficoltà della seconda guerra mondiale, grazie a Venezia e ai veneziani, della città storica e della terraferma.

Io penso sempre a quella foto di famiglia, ogni volta che viene annunciato l'arrivo di un barcone a Lampedusa o a Pozzallo, o ovunque, sulle nostre coste o anche – peggio – a ogni annuncio di naufragio in quel cimitero di corpi e di anime che è diventato il Mediterraneo. C'è un legame evidente, fra quel viaggio a ritroso del 1939 e quelli definitivi e spesso tragici di oggi. Credo che se ciascuno facesse lo sforzo di guardare indietro, alle proprie vicende di famiglia, al proprio passato più o meno remoto, ci accorgeremmo tutti di essere dei profughi. Profughi e immigrati, nel mio caso, perché anche il mio nonno materno arrivò a Venezia dalla Toscana per venire a lavorare alla Sava di Porto Marghera (e costretto a un certo punto a iscriversi al partito fascista per non perdere un posto di lavoro cruciale per una famiglia con tre figlie piccole, e mia madre, bambina, che però si è sempre rifiutata di fare il saluto romano, a scuola e in ogni altra occasione). Così, sono figlio di profughi e di immigrati, ed è proprio questa la ricchezza della mia famiglia, una famiglia cosmopolita, nomade. Perché sempre, in ogni epoca, la gente si è spostata, per scelta, per necessità, per costrizione. Siamo tutti profughi, lo sappiamo e facciamo finta di niente. Abbiamo una memoria fragile, scarsa. Dimentichiamo o, forse, fingiamo di dimenticare. Rimuoviamo vicende che ci riguardano, per essere liberi di ignorare che oggi si sta semplicemente ripetendo quel che è successo alle nostre famiglie, e siccome le nostre famiglie sono nomi, facce, biografie, sentimenti, cancellarli ci permette di rendere astratti, fantasmatici i migranti di oggi, anonimi, privi di storie, tutti uguali, tutti ascrivibili alla categoria "clandestini" e cioè gente indesiderata, invadente. Da respingere. Con la forza se necessario. Nessuno ha respinto i miei. Mai ho sentito che Venezia abbia rifiutato qualcuno, da dovunque venisse. Perché, poi, non siamo più capaci a viaggiare, non siamo più attratti dall'altrove, vicino o lontano che sia. Credo che questa nostra epoca possa essere considerata l'epoca in cui il benessere ti spinge paradossalmente alla stanzialità (non possiamo certo chiamare viaggi gli spostamenti, le vacanzette più o meno low cost di qualche giorno, né le gitarelle che qualcuno osa chiamare crociere), un'epoca che ti offre la possibilità di ricreare ogni situazione nei luoghi in cui vivi (o, viceversa, di ricreare in «vacanza» le stesse dinamiche di casa tua), aumentando così paradossalmente il senso non di *appartenenza* – che dovrebbe comunque esserci estraneo – ma di *proprietà*, non a caso uno degli slogan preferiti dai partiti xenofobi europei è "padroni a casa nostra". O quello, becero, usato spesso qui, dalle nostre parti, "Prima gli italiani" o "Prima i veneti" (e adesso mi viene in mente Pateh Sabally che, a

22 anni, un gelido pomeriggio del febbraio 2017, è venuto a togliersi la vita proprio a Venezia, annegandosi nel Canal Grande, ma questa sarebbe un'altra storia, o forse no). "Prima i veneti", che parole stupide. Perché, come dice Antonio Tabucchi nell'exergo che ho scelto per questo testo, dovremmo ricordarci di continuo che su questa terra siamo solo di passaggio e che il nostro stare, il nostro risiedere, è una sorta di affitto che ci viene concesso dal destino. Ecco, forse a mancarci è proprio questo: l'altrove, cambiare luoghi, paesaggi, viaggiare, conoscere, costruire rapporti. Poco importa se per scelta, o per obbligo, o per necessità. Fino a qualche decennio fa era una condizione che ci riguardava quasi tutti, partire era una necessità ricorrente. Di sopravvivenza, spesso. Poi, il benessere, la possibilità di avere ciascuno la propria casetta, il proprio lavoro, le proprie piccole certezze, ci ha fatto mettere radici. Ci ha fatto credere di essere a casa nostra. E a casa tua inviti chi vuoi tu. E allora che ci viene a fare tutta questa gente anonima, priva di facce e di storie a casa nostra, nella piccola Europa, nelle nostre città sempre più strette, dove crediamo che lo spazio ci appartenga?

Verrebbe quasi da augurarsi che la crisi che sembra non avere fine, non finisca per davvero e ci costringa allora a rimetterci tutti in marcia, come sta succedendo – e per fortuna, sottolineo io, consapevole delle critiche patriottiche che mi arriveranno – a tanti giovani italiani, spinti a cercare altri altrove dove stare e dove essere, sempre e comunque, di passaggio. Andare altrove, per imparare di nuovo a fare ciò che è naturale e doveroso: accogliere, come ha sempre saputo fare, nei secoli, Venezia.

Questo testo, inedito in Italia, è uscito in una forma ridotta nella raccolta *L'aventure géographique*, AA.VV., a cura di Patrick Deville, Meet, Saint-Nazaire, 2016.

L'elezione di Xu Jiayin

MARIA FIANO - BEATRICE BARZAGHI

Quando Xu Jiayin vinse le elezioni e fu nominato sindaco di Venezia, la notizia fu accolta con un certo clamore. I titoli del giornale locale, l'unico che ancora si occupava della cronaca insulare, descrissero l'evento con i toni tipici delle catastrofi inattese. Uno tsunami che avrebbe ribaltato le sorti della città. Eppure gli indizi per capire che le cose sarebbero potute andare così, c'erano tutti.

Da quando il numero di residenti nella cosiddetta città storica si era ridotto drasticamente, si era posta con urgenza la necessità di adeguare le procedure per l'elezione del sindaco. Chi avrebbe potuto ambire alla carica di riconosciuto rappresentante della città? Chi sarebbe stato capace di farsi garante dei reali interessi in gioco?

Dopo la tanto attesa separazione amministrativa, i confini di Mestre e il suo *hinterland* erano esplosi. Nuovi alloggi per la *middle class*. Hotel moderni e il *waterfront* sul Canal Salso. Il *campus* universitario. Un numero esagerato di fiere del gusto e i festival musicali al Parco San Giuliano, dove convivevano costosissimi *yacht* e il moderno parco acquatico *all inclusive*.

Oltre il Ponte della Libertà si estendeva Venezia. Quaranta milioni di turisti l'anno per trentacinquemila residenti/resistenti.

Il tutto condito con ristorantini fintamente tipici e botteghe di souvenir.

Chi avrebbe potuto guidare questa cittadinanza ridotta all'osso, eppure aumentata in modo esponenziale dalla mole di visitatori presente ogni giorno? Chi erano i veri abitanti? Chi sarebbe stato legittimato a rappresentarli?

L'Articolo 3 della legge elettorale della Regione Autonoma del Veneto risolse il problema concedendo il diritto di voto alle elezioni amministrative anche ai residenti temporanei, coloro, cioè, che pernottavano per almeno due notti a Venezia.

Approfittando delle celebrazioni del Capodanno cinese e delle vantaggiose offerte della nuova linea diretta Shenzhen-Bao'an-Aeroporto Marco Polo, migliaia di visitatori della Cina meridionale erano sbarcati e avevano partecipato alle consultazioni, rispondendo in un sol colpo all'urgenza di ricambio di classe dirigente e alla richiesta di rottura espressa dal fronte comune delle lobby economiche locali.

Le elezioni si erano svolte al vecchio Fontego dei Tedeschi, ribattezzato da qualche tempo Porta d'Oriente. Con un acquisto di poche decine di euro, si riceveva la scheda elettorale alla cassa.

Ca' Farsetti – il palazzo che ospitava la sede del Comune – era stato inserito nel Piano delle Alienazioni dalla precedente amministrazione. La variante normativa n. 18 al Piano degli Interventi/VPRG per la città antica, approvata a larga maggioranza nel 2017 e descritta come un toccasana contro i cambi di destinazione d'uso, di fatto continuava a permetterli a fronte di rilevanti motivazioni di pubblico interesse. E quale maggiore utilità se non quella di trasformare la sede comunale in Ostello della

Gioventù per consentire a tutti, ma proprio tutti, di poter vivere il sogno di soggiornare nella città unica al mondo con vista sul Canal Grande? La Sala del Consiglio era stata attrezzata come camerata *unisex*, a prezzi *low cost*. A ornare le pareti, le immagini dei sindaci che si erano succeduti alla guida di Venezia. La Giunta si era trasferita all'ultimo piano dell'ex-Palazzo Coin, a pochi passi dalla Porta d'Oriente.

I nuovi proprietari asiatici di diversi palazzi veneziani gestivano hotel di lusso e centri benessere pronti ad accogliere anziani facoltosi. Partecipavano alle aste telematiche in cui si dismetteva parte rilevante del patrimonio pubblico. Soprattutto si dicevano pronti a governare la città.

I numeri parlavano chiaro. I turisti – mordi e fuggi, escursionisti, visitatori giornalieri, pendolari, medio pernottanti, lungo pernottanti – avevano superato il numero di abitanti, anche se sommato a quello dei lavoratori pendolari. Gli studenti – fissi, settimana corta, giornalieri – rimanevano in Terraferma. Il *campus* universitario di Via Torino a Mestre e le strutture del Parco Scientifico-Tecnologico Vega a Porto Marghera accoglievano gli iscritti di tutte le facoltà. Tutte trasferite oltre il Ponte della Libertà.

I turisti, invece, quelli non si erano mai spostati. Gli arrivi non avevano registrato alcuna battuta di arresto. Le misure di controllo dei flussi si erano rivelate inefficaci. La popolazione mondiale aumentata e il desiderio di vedere Venezia almeno una volta nella vita non avevano fatto che peggiorare la situazione.

I varchi – i tornelli posizionati sul Ponte di Calatrava e in Lista di Spagna – collegati ai contapersone elettronici si erano dimostrati un fallimento totale. Ci si era dovuti rassegnare. Non era possibile gestire gli ingressi né prevenire ingorghi, code e incidenti, nonostante le tecnologie acquistate con i proventi della supertassa sui rifiuti.

I continui spostamenti delle persone. L'andirivieni dai negozi, dai bar, da mostre e musei, ristoranti, trattorie e fast food. Tutto complicava il conteggio. Anche i residenti – pur se scarsi – c'erano. Entravano e uscivano dalle loro abitazioni. Facevano la spesa. Prendevano i vaporetti. Raggiungevano il lavoro. Contribuivano a falsare i conti.

Venezia era facilmente raggiungibile con ogni mezzo, da diverse direzioni. Treno, auto, pullman granturismo. Da Mestre o Marghera. Via mare dal litorale. Con le navi da crociera, via taxi dall'aeroporto e con la nuova funicolare Tessera-Arsenale.

Flussi incontrollabili e soprattutto non quantificabili. Si decise allora che invece di limitarli, sarebbe stato necessario incentivarne la diffusione nell'intera area urbana. L'inaugurazione della linea metropolitana sublagunare aveva ulteriormente accelerato gli spostamenti tra il litorale e la città storica. L'approdo dei lancioni granturismo a Fondamente Nove aveva lasciato inalterato il traffico su Riva degli Schiavoni e aveva creato ingorghi in Laguna Nord. I primi intoppi registrati nell'anno di prova con decine di turisti che vagavano disorientati con i loro trolley nelle corsie dell'Ospedale Civile erano stati risolti. Eliminato il Pronto Soccorso. Al suo posto il nuovissimo Infoturismo con tutte le informazioni utili per trascorrere un indimenticabile soggiorno nella Venezia insulare.

Alcuni gruppuscoli di sognatori, bollati come "i passatisti", "i mai contenti", avevano tentato di arginare lo spopolamento e provato a porre un freno al declino della città. Avevano manifestato contro la dismissione del patrimonio pubblico, segnalato i progetti di speculazione edilizia, chiesto di vietare i cambi di destinazione d'uso che trasformavano teatri, uffici postali e comunali, case di riposo, parchi, conventi e appartamenti in attività ricettive.

Avevano protestato a gran voce contro l'inquinamento provocato dalle navi da crociera nel quartiere di Santa Marta (l'aumento di malattie all'apparato respiratorio confermava timori e paure: ma alla fine le navi da lì non se ne erano mai andate), contro il moto ondoso e l'eccessivo traffico acqueo (ma avevano prevalso i corroborati interessi di taxisti e trasportatori più o meno abusivi).

Diversi cittadini si erano mobilitati per chiedere la riduzione dei plateatici sulle rive pubbliche e nelle zone di passaggio. In alcune calli adiacenti a Piazza San Marco per poter transitare occorreva infatti sedersi e consumare. Si emettevano scontrini per permettere la circolazione.

Avevano presentato al Comune proposte innovative per salvaguardare i negozi di prossimità, incentivare le librerie e limitare il numero dei bar che giorno dopo giorno avevano sostituito ogni altra tipologia di commercio.

Erano gli stessi che molti anni prima avevano denunciato l'*affaire* MOSE e i suoi responsabili. Nonostante i milioni di euro spesi, il Modulo Sperimentale Elettromeccanico – che avrebbe dovuto proteggere Venezia dalle alte maree – non era mai entrato in funzione, confermando le previsioni di corruzione e malagestione. Gli abitanti di Venezia si erano rassegnati a vedere i cassoni di cemento della grande diga mobile convertiti in enormi fioriere in mezzo alla laguna: l'unico progetto che ottenne i finanziamenti del Consorzio Venezia Nuova nell'ambito di un pubblico concorso per l'abbellimento delle opere esterne all'acqua del MOSE.

La città era cambiata dunque ben prima di quella sensazionale elezione. Ma si poteva definire ancora Venezia una "città"? La sua identità un tempo era forgiata dalla sua laguna, aleggiava sulle ciminiere cilindriche delle industrie storiche di Porto Marghera, si intrecciava ai destini delle isole e del litorale, tra orti, lazzaretti, pesca e tradizioni. Si nutriva di curve, precarie simmetrie e forti contraddizioni. Internazionale e a misura d'uomo, in dialogo incessante tra terra e acqua, sospesa tra la lentezza dei passi e la fragilità delle *fondamente*, calpestata da flussi incontrollabili di persone, violentata dalle onde causate da motoscafi e da lancioni, sfigurata da torri futuristiche. L'equilibrio era finito. Risucchiato lentamente. Un grido d'allarme era stato lanciato, inascoltato.

Gli abitanti di Venezia non rimasero a guardare quel cambiamento con le mani in mano. Iniziative pubbliche, petizioni, incontri e assemblee. Finanche una proposta programmatica, tra il politico e il letterario, che parlava di ripopolamento, di investimenti. Iniziative concrete, per costruire un futuro e offrire prospettive.

Non con i toni dei proclami propri dalla politica né dai contenuti rivoluzionari e campati in aria. Un manifesto alimentato da analisi coerenti. Un processo fatto di piccoli passi. Alla ricerca di un nuovo respiro, puntando sulle piccole e grandi risorse della città. Certo il turismo, ma anche la residenzialità. Aver consentito se non costretto il trasferimento in Terraferma di pressoché tutti i servizi – Ufficio Scolastico, Poste Centrali, Tribunale, Corte d'Appello, Catasto – aveva inevitabilmente ridotto la presenza di abitanti lavoratori. Tutti a Mestre, e con loro i luoghi in cui consumavano i pasti, compravano giornali, facevano la spesa, bevevano il caffè.

L'elenco degli alloggi di edilizia pubblica per la popolazione meno abbiente, stilato dai residenti/resistenti per denunciare lo stato di incuria e abbandono in cui versavano un numero sempre crescente di appartamenti, aveva ottenuto un effetto boomerang. Le abitazioni censite furono dichiarate inagibili e messe in vendita per "*manifeste motivazioni di interesse pubblico*", trasformate in case da "*veri veneziani*" e immesse sul mercato immobiliare turistico.

La proposta di porre un limite al numero di affittanze turistiche, nemmeno presa in considerazione. Dopotutto non si era sempre detto che il Belpaese dovesse sfruttare tutte le sue risorse?

La tassa di soggiorno aveva provocato una energica alzata di scudi tra i visitatori pernottanti che avevano preteso il riconoscimento di uno status diverso dagli altri turisti – i mordi e fuggi, escursionisti, giornalieri, pendolari.

La premessa per l'accesso al voto. Così Xu Jiayin fu eletto sindaco di Venezia.

Terminati i festeggiamenti del Capodanno cinese, la città si svegliò in trepidante attesa per il primo discorso ufficiale del nuovo sindaco. La campagna elettorale era stata fulminea. Finanziata dalla cordata dei grandi investitori internazionali che avevano monopolizzato gli introiti legati al marchio Venezia: la multinazionale Club Med e i gestori dei fondi di investimento della Coima SGR che controllavano il Lido con i lussuosi hotel Excelsior e Des Bains e le concessioni sulle spiagge, i grandi colossi alberghieri che si contendevano la riqualificazione di Via Ca' Marcello oltre il Ponte della Libertà per incrementare il pendolarismo turistico (il gruppo cinese Plateno, quello israeliano Fattal Hotels, la catena anglo-irlandese Staycity, gli hostel per il target giovane della austriaca Wombat's e gli alberghi della società tedesca MTK), i gruppi imprenditoriali spagnoli che avevano messo le mani su noti palazzi veneziani. Tutti avevano puntato sul candidato cinese. Ora attendevano, nervosi, il momento del suo insediamento.

Xu Jiayin intervenne dalla terrazza galleggiante nel suo quartier generale nel bacino dell'Arsenale. I giornalisti e gli addetti stampa ospitati su lussuosi *yacht* rimasero in attesa per un'ora godendosi con il naso all'insù lo spettacolo delle frecce tricolori, che per l'occasione dipinsero il cielo al tramonto con una stella gialla su sfondo rosso. Da tutto il mondo milioni di occhi erano di nuovo puntati sulla laguna, dove si sperimentava un nuovo modello di democrazia cosmopolita e temporanea, moderna e ibrida, spregiudicata e commerciale.

Dopo un breve preambolo in cui sottolineò il legame profondo che univa la Cina con la Venezia insulare e un doveroso accenno alla figura di Marco Polo, Xu Jiayin si schiarì la voce per invitare gli astanti al silenzio.

« Il primo Atto di Giunta » dichiarò solenne « sarà l'istituzione della Commissione Pubblica per la Pianificazione Turistica, sul modello di quella adottata in Cina per il controllo delle nascite. Da oggi non si potrà visitare Venezia più di una volta nella vita. Ci gemelleremo con *The Venetian* a Las Vegas, *The floating Venice* di Dubai e con la *Venice Water Town* di Hangzhou ».

Brusio, occhi sgranati, flash impazziti.

« Applicheremo anche qui la legge di 'Protezione dei diritti e degli interessi degli anziani' per preservare i vecchi abitanti. Sarà loro garantita la permanenza in città, facilitati i trasporti, ridotte le imposte. Con questo provvedimento rimetteremo in circolo le economie locali e incentiveremo le generazioni più giovani a restare ».

Nel frattempo una folla di curiosi aveva raggiunto l'Arsenale e assisteva all'evento grazie ai due maxischermi posizionati lungo la riva.

« Saremo costretti a scelte difficili e decisioni sofferte » proseguì il sindaco con tono solenne « ma riusciremo a ridurre le emissioni di CO_2 ».

Solo pochi dei giornalisti presenti furono in grado di cogliere il nesso con le recenti scelte politiche della Cina del presidente Xi Jiinping.

« Garantiremo la navigazione in laguna esclusivamente ai motori elettrici, e sosterrò personalmente con ingenti incentivi le barche tradizionali a remi. Naturalmente » aggiunse, determinato « le navi da crociera non potranno più attraccare... ».

A questo punto il presidente dell'Autorità Portuale balzò sul primo lancione disponibile per dirigersi verso la rassicurante Terraferma. I taxisti presenti si tuffarono in acqua, tentando di scappare verso il canale. Il moto ondoso continuava a respingerli in bacino, costringendoli ad ascoltare le parole del primo cittadino.

« Mettiamoci al lavoro. Inizieremo già da domani a chiudere il porto: alle navi da crociera, s'intende » chiosò il sindaco Xu Jiayin.

Il discorso fu accolto da applausi e grida. Molti dei presenti pensarono infatti che si trattasse di uno spot per promuovere la nuova linea di caorline adibite al collegamento dall'aeroporto per *"assaporare la vera emozione della Venezia tradizionale"*.

Le Autrici tengono a segnalare che il racconto, basato su personaggi di fantasia, è liberamente ispirato a fatti accaduti e proposte reali e facilmente reperibili tra le notizie della cronaca locale – e non solo.

Salvare Venezia

FEDERICO GNECH

Sarò onesto, mi riesce molto faticoso descrivere la Venezia che vorrei senza cadere in qualche trappola retorica da bravo cittadino esasperato, da politicante interessato o da intellettuale indignato. Retorica a parte, nei momenti di maggiore lucidità, che spesso coincidono con quelli di maggiore stanchezza, mi rendo conto che una casa di tre stanze, una casa mia, senza il patema di un mutuo o di un contratto in scadenza o di uno sfratto, in un qualunque punto della città storica, sarebbe sufficiente a farmi dimenticare tutti gli altri problemi di Venezia, a farmeli considerare *problemi degli altri*. Non mi infastidirebbero più le mandrie dei turisti – ricchi o poveri, eleganti o buzzurri che siano – le speculazioni sul territorio, i danni all'ambiente lagunare, l'urbanistica contrattata, le aule della mia università diventate stanze d'albergo e supermercati, i baristi ladri e i ferramenta che chiudono – tanto che per cercare quel certo tassello da cartongesso, paradossalmente introvabile in una città riempita di cartongesso, ti tocca andare in Terraferma, in qualche atroce non-luogo dove il pedone viene schiacciato dai SUV, e poi nemmeno lo trovi, quel benedetto tassello, quindi desisti e lo compri su Amazon, e ti viene il senso di colpa al pensiero del povero magazziniere che trotta per farti arrivare il pezzo in ventiquattro ore, ma poi il pensiero dal povero magazziniere torna alla casa che non hai e ti dici che per adesso il senso di colpa per il magazziniere di Amazon lo lasci a quelli che hanno già un appartamento in centro.

Tutto questo per dire di quanto sia facile rinchiudersi nel proprio interesse particolare. Che poi quell'interesse sia bisogno, diritto, desiderio o capriccio è questione complicatissima che emerge spesso nelle conversazioni coi residenti delle città "normali". Ci chiedono, gli abitanti delle periferie di Roma o di Milano che non potrebbero permettersi un appartamento all'interno delle Mura Aureliane o della Cerchia dei Bastioni, perché non andiamo ad abitare in periferia. Se lo chiedeva anche l'assessora alle Politiche Abitative di una della passate giunte veneziane: se il mercato immobiliare non permette una casa in città storica, perché non spostarsi a Mestre? Insomma, quale scandalosa eccezione, quale disastro rappresenterebbe mai l'espulsione dei ceti meno abbienti dal centro verso la periferia? Non è forse così ovunque nel mondo? Non potremmo accontentarci del triste mezzo gaudio di questo nostro mal comune e finirla una buona volta di rompere i coglioni ai nostri poveri amministratori, scomodando addirittura la stampa?

Potremmo, ma non possiamo né vogliamo, perché vogliamo vivere qui e perché sappiamo quanto questo rispecchiamento del declino di Venezia nel declino di tutte le altre città, accettato come dato naturale, come ineluttabile effetto collaterale della crescita economica, contribuisca alla morte della città. È vero, succede così ovunque e, ovunque succeda, la tristezza prevale, perché sono infinitamente tristi i centri storici senza più residenti, socialmente omogeneizzati e oggetto di speculazione, ridotti a vetrina vintage di merci che potrebbero stare ovunque.

L'anima di una città – ecco un accenno di retorica a buon mercato – muore così dappertutto nel resto del mondo e a maggior ragione nel piccolo arcipelago veneziano, in quel mucchio di isolette separato dalla Terraferma, ma unito ormai in modo indissolubile – con buona pace dei "separatisti" di ambo le sponde – ad agglomerati mai divenuti davvero città perché ridotti a periferia. Certo, Venezia non è Roma, devastata dallo *sprawl*. Venezia nasce delimitata dall'acqua e limitato è stato il suo sviluppo urbanistico. Le sacche, le zone bonificate di Cannaregio, il porto commerciale a Santa Marta, e infine il Tronchetto: eccola qui, tutta l'espansione fisica di Venezia, città d'acqua, ecco la sua prima periferia, saturata la quale, attraversate con un balzo quelle due o tre miglia marine, i veneziani hanno fondato la seconda, testimone e protagonista delle magnifiche sorti e progressive del capitalismo industriale, con tutti gli annessi e connessi.

Quell'altra Venezia portata in secca, legata dalla fettuccia ferroviaria e poi stradale del Ponte della Libertà alla città d'acqua, si è ingrandita malamente, mentre la città storica si è fatta piccina, sempre più piccina e vuota. Vuota, coi suoi trenta milioni di turisti all'anno? Sì, vuota. Si tratta di un vuoto-pieno che però non ha nulla dei paradossi zen, ma rappresenta semplicemente lo stato disfunzionale di una città attraversata da flussi di gente che consuma e passa senza lasciare traccia al di là di qualche vuoto di bibita e di qualche deiezione.

Dei problemi di Venezia sappiamo tutto, sappiamo o crediamo di sapere che cosa occorrerebbe per risolverli, ma concludiamo ogni nostra riflessione con un sospiro, un mugugno o una bestemmia – perché, ci diciamo, manca la volontà politica, l'intreccio di interessi economici grandi e piccoli è ormai inestricabile e ormai i nostri stessi sospiri, mugugni e bestemmie ci infastidiscono quanto i cliché, le banalità, le più viete formule convenzionali usate nel dibattito pubblico, ripetuti *ad nauseam* anche da chi non è davvero toccato dal declino della città. Venezia grande malata, bisognosa di cure e attenzioni speciali, Venezia sacrificata alla monocultura turistica, Venezia condannata dalla logica del profitto, Venezia patrimonio dell'umanità. Sappiamo tutto, grazie. Potremmo forse partire proprio da questo fastidio per cominciare a rompere qualche schema paralizzante, per provare a immaginare la Venezia che vorremmo. Non che occorra immaginare granché rispetto alla città che fu – coi necessari aggiustamenti e aggiornamenti perché questa città a misura di remo possa attraversare indenne la (post)modernità. Venezia è quasi perfetta, non fosse per i corpi che la attraversano e la logorano distratti.

Al fine di rendere il dibattito meno stantio, potremmo anche solo momentaneamente farla finita con la solfa di Venezia patrimonio dell'umanità e chiedere che a recuperare un po' di umanità fossero per primi i titolari, depositari e usufruttuari – per *ius sanguinis* – di quel patrimonio. Venezia ha prima di tutto bisogno di umanità – dimostrata agli esseri viventi e non solo alle sue pietre – e di amore. Occorre un grande amore per volerci vivere. Ai più, anche a chi se lo potrebbe permettere senza alcun sacrificio materiale, la bellezza abbacinante che attira qui visitatori di ogni latitudine non sembra sufficiente per decidere di rimanere. Anche chi sia attratto dalla bellezza – o dalla singolarità – di Venezia raramente decide di trasferire qui la propria esistenza, così come in pochissimi casi il cliente della prostituta decide di mettercisi assieme.

In fondo, la condizione attuale di Venezia può essere riassunta come la storia del problematico incontro tra diversi tipi di domanda e di offerta. L'offerta è nota, bastano un'alba in Riva degli Schiavoni o un tramonto alle Zattere per capire di che cosa si tratti. Pochi si soffermano però sulla domanda. Chi vuole realmente Venezia? Chi vuole consumarla per un weekend, chi vuole metterla sotto teca o chi vuole viverla con lentezza per una vita intera, partecipando secondo i propri talenti alla sua cura e alle sue lente trasformazioni, giorno dopo giorno? L'offerta non si incontra facilmente con la domanda di un futuro in città. Ecco quindi come diventa infinitamente più semplice e, soprattutto, più redditizio sfruttare una domanda come quella del turismo. La questione della domanda e dell'offerta si intreccia naturalmente con quello della rendita e chiunque conosca minimamente Venezia o qualsiasi altra città d'arte – altra espressione divenuta ormai odiosa – sa che tutti i più gravi problemi di queste città sono legati in modo più o meno diretto proprio alla cultura della rendita. L'errore fondamentale sta nel credere che tale cultura nasca col turismo di massa. Il turismo di massa l'ha resa estremamente produttiva e pervasiva, ma essa si è affermata da almeno tre secoli, nel corso della lunghissima decadenza della città. Nella *Veniceland* odierna, di fatto, le élite cittadine – e tutti gli altri, per imitazione – hanno semplicemente applicato al turismo ciò che i loro avi iniziarono a praticare dopo aver abbandonato il mare e i commerci per la Terraferma e le rendite fondiarie. Anche per questo oggi risulta ridicolo lo sfottò dei campagnoli: in termini di di mentalità, Venezia è diventata da moltissimo tempo un'appendice della Terraferma, nonostante troppi veneziani, affetti da una grave forma di dissonanza cognitiva, sembrino non accorgersene. Potremmo fare una lista di ciò che vorremmo – una maggiore condivisione degli spazi, un contesto favorevole ai piccoli attori economici, dei servizi pubblici più efficienti, eccetera – ma sarebbe una lista inutile, cassata in partenza dai nostri concittadini disillusi. Chi fondava colonie sul Bosforo oggi porta i lancioni a Tessera e ha smesso di immaginare un futuro per la sua città. Ecco il verbo chiave: immaginare. Soltanto una fantasia selvaggia e una punta di pazzia, unite al necessario buon senso e alla tecnologia disponibile, potevano concepire una città come Venezia. Chiunque abbia a cuore il destino di questa straordinaria unione di natura e cultura, di pietre e acqua, deve partire da qui: per salvare un capolavoro dell'immaginazione, occorre tornare a immaginare. Il compito sembra davvero improbo, eppure dobbiamo essere ottimisti, perché il più è stato già fatto da altri. Il miracolo si è già compiuto, la città esiste da mille anni e più, ed è tutto sommato in buone condizioni. Non dobbiamo costruire nulla, la Venezia che vorremmo è già qui, dobbiamo solo riprendercela, un pezzettino alla volta, singolarmente e in gruppo, ognuno costruendo la propria nicchia, sistemandosi negli interstizi di un ambiente apparentemente saturo. Salvare gli spazi pubblici, certo, ma prima di tutto salvare lo spazio mentale dei veneziani rassegnati, resi cinici dalle miserie del presente. Conservare le meravigliose architetture, senza dubbio, ma anche recuperare – imparandola nuovamente – la capacità di restarne affascinati. Ogni azione politica – perché da lì dovremo passare, quando sarà il momento – deve partire dalla visionarietà, dallo straordinario potenziale immaginativo di chi ha fondato Venezia, di quell'utopia la cui spinta si è esaurita durante i secoli della rendita. Partire dalla resilienza, come si dice oggi. A quel punto sarà molto più facile rispondere agli abitanti delle altre città, perché saremo d'esempio anche per loro. Potremo dire che sì, abbiamo voluto la casa a Venezia perché siamo degli egoisti e viviamo al di sopra delle nostre possibilità, ma l'abbiamo fatto per tutti voi. Siamo riusciti a salvare Venezia, possiamo salvare il mondo intero.

La linea dei carciofi

Mario Isnenghi

Per riconciliarsi con il proprio passato occorre riconoscersi per quello che la città ha fatto e la città è divenuta dopo la fine della Serenissima. Venezia è un patrimonio memoriale immenso, è il suo passato in proporzioni assolutamente anomale, perché tutto il mondo la sospinge e la incita a riflettersi e rimanere rinchiusa in una storia mutilata però degli ultimi duecento (e più) anni; e quindi monca, ideologica e falsificata. Così quel patrimonio memoriale è diventato invalidante, falsa coscienza di sé. In questi duecento anni Venezia ha fatto le grandi dighe, il 1848-49, il porto, le fabbriche della Giudecca, Marghera, Mestre, il Ponte Translagunare, la Biennale coi suoi annessi e connessi; e via così fino alle diatribe attuali sulle grandi navi e su ciò che sopporta o non sopporta la laguna in rapporto alle misure di scala assunte nei nostri tempi da ciò che è consustanziale a Venezia città d'acque, al mare, al mondo, al lavoro sul mare.

Ora che il Novecento è trascorso e, insieme all'Ottocento, si deposita come passato, può finalmente essere recuperato e apprezzato come tale, in forza delle sindromi anti-presente e anti-passato prossimo a cui un po' ci autocostringiamo, un po' veniamo adibiti e costretti.

Fare: ci siamo. Coscienza del fare e dell'aver fatto: non ci siamo.

Fuggire da sé: ora, e da ormai più volte, coi referendum separatisti, facendo finta che Marghera e Mestre siano venute da fuori, e non siano forme d'epoca della vitalità di una città che ha resistito alle sirene della "morte a Venezia". Amore omicida – questo dei grandi artisti e dei grandi innamorati di una Venezia risolta e cristallizzata in uno degli stadi della sua ricchissima stratigrafia.

In un movimentato secondo dopoguerra, fecondo di dibattiti e riprese, il mite poeta della 'Guida sentimentale di Venezia', Diego Valeri, modello implicito di infiniti innamorati flaneur di calli e di campielli – una Venezia minore, vera e necessaria anch'essa, in una visione integrale e veridica – diceva sdegnosamente no ai grattacieli, l'allora simbolo verticale della modernità, ma li collocava e li vedeva crescere al Lido. Al Lido?! E lo *skyline*? Si vede che non c'era ancora.

Detto questo, mi va bene che non si siano fatti; preferisco gli orti, che i cittadini del Lido abbiano potuto per qualche altro decennio andare a comprare pomidoro e *castraùre* fra Malamocco e gli Alberoni, e ancora lo possano. Certo, la linea dei carciofi si è spostata e tuttora si vanno allargando le aree fabbricate e restringendo coltivazioni e canneti; quando ero ragazzo la cooperativa che fece costruire la casa di Via Sandro Gallo sostituì, alla lettera,una casa a un carciofeto, e questo all'altezza dell'Hotel Excelsior. In poche generazioni, la nuova Venezia al Lido ne ha fatta di strada, rispetto agli asinelli che servivano all'inizio a valicare le dune del futuro Gran Viale. Possiamo immaginare, in un futuro indeterminato, ma che si avvicina, che gli undici chilometri di lingua sabbiosa che proteggono la città storica dal lato del mare vengano edificati, specialmente in direzione Malamocco-Alberoni.

È pur vero che al Lido il cambiamento si presenta non solo in perdita, ma anche in positivo: certamente in senso utilitario – qui c'è ancora lo spazio di espansione che in centro storico difetta –, ma anche in senso naturalistico. Chi, come me, è un Veneziano della diaspora, ha avuto la lieta sorpresa di tornare al Lido e trovarci intanto cresciuti due boschi: bellissima la pineta sulle dune degli Alberoni, ma niente male anche quella di San Nicolò. O dobbiamo sempre e solo spargere lacrime amare su quel che non c'è più e rimpiangere che a San Nicolò non ci sia più l'albero del Diavolo?

Dunque: salvare gli ultimi orti; ma "salvare" vuol dire non solo preservarne i terreni, significa che continuino a produrre carciofi e pomidoro, alimentando un piccolo mercato, di amatori e di ciclisti; ai quali non dovrà mancare, per raggiungerli, il sentiero dei Murazzi (tuttora splendido, pur se diverso dai tempi in cui si presentava di sola terra). Per il Raboso, che magnificava nel suo viaggio in Italia lo scrittore e regista Mario Soldati, pare dobbiamo mettercela via – resta la leggenda, buona anche quella e ormai in repertorio, che sia andato perduto, con l'unica vigna e l'ultimo vignaiolo –; però, ricomparse o valorizzazioni di piccoli vigneti e culture si segnalano altrove, nell'arcipelago, come a Mazzorbo e nell'orto degli Scalzi.

In generale, è difficile decidere quanto vogliamo sapere delle isole. Qualunque isolario ci mostra che sono tante, fra ex-ospedali, conventi, polveriere, ognuna con funzioni declinate e con una sua storia di cui fa parte anche, ed è bene che anche per il futuro continui a far parte, una certa dose di solitudine appartata e di riservatezza. La trasparenza è bella, ma anche il mistero ha il suo fascino. Ci approdi chi può, in sandolo. Non tutte diventino alberghi e si ripopolino. Isole, a loro modo, sono anche i forti e i bunker, del Lido e della Terraferma: inaccessibili? Benissimo.

Sono troppi per farci mostre e laboratori e agriturismo in tutti. Qualcuno rimanga chiuso in se stesso, aggrovigliato e assorto. Con tanto di microclima, odori, cespugliame, canneti, piccola fauna, da indovinare o da supporre. Renderli visitabili? Sì, con qualche giusta precauzione. Sono riserve, anche mentali. Se in qualcuno intravedi delle capre, bene anche questo, vada per le capre. È persino omerico.

E tornando ai Murazzi: chiaro che i nuovi – appena quaranta o cinquant'anni, ancora così biancastri e uniformi – non sono così suggestivi e diversificati come erano i loro predecessori prima della rotta del '66: tutti lavorati e bucherellati dai venti e dall'acqua, azzurrini, ocra, verdastri. Ma lo diventeranno, no? Pensiamo in grande: potrebbero bastare un secolo o due.

A scanso di – apparenti – minimalismi: diamoci grandi obiettivi. Non dico tuffarsi in Canal Grande dal Ponte degli Scalzi – un tempo prova di bravura dei ragazzi veneziani e non cialtroneria di turisti brilli; ma tornare a fare il bagno in laguna, possibilità che mi figuro come un sintomo di equilibri ritrovati. Si faceva all'Isola dei Topi, alla Punta di San Giuliano. Altri magari altrove, io lì, prendendo la barca al Ponte delle Guglie: era la meta, toccando al passaggio San Secondo e andando a stuzzicare e farsi mandar via con grida e minacce dai misteriosi piccoli occupanti dell'isola (gli orfani dei partigiani del 'Biancotto' che difendevano l'orto della loro economia di sussistenza, verrò a sapere tanti anni dopo all'IVESER: allora era un gioco, poteva sembrare un conflitto tra pirati per la conquista del territorio). Con l'acqua ridotta com'è, da anni e anni, il bagno in laguna non si può concepire. Delle due l'una, allora: o ci attrezziamo per sopravvivere, e anzi per star bene e prosperare, nei miasmi e nel pattume – come i cefali che vanno a razzolare sui fanghi di Marghera, o come i merli di città sempre più grossi e numerosi, o come i gabbiani colonialisti, sempre più rapaci, famelici e intrusivi –; oppure, non siamo a noi a cambiare, ma noi a saper cambiare, e purificare e tener pulite le acque putride (solo per far rivivere la laguna alla prova del bagno, non perché mettere il piede a terra e toccare quella melma fosse gran bello: nulla a che fare con la spiaggia, lo ricordo benissimo, e con ribrezzo).

Recuperare e render salubri le acque della laguna; accettare – da Veneziani degli antichi sestieri – di attraversare Marghera e Mestre senza metterle visivamente fra parentesi; rimetterle, anzi, dove sono, sull'altra riva della laguna, semplicemente fronte terra invece che fronte mare, parte di uno stesso insieme; accogliendole e facendo sì che si sentano quello che sono, appartenenti ad una storia e una narrazione comune, alta, complessa e non esaurita. Già non sarebbe poco come programma, per domani e dopodomani. Quanto alla cronaca usuale del turismo mordi e fuggi – governabile, ma non evitabile – sarebbe già qualcosa chiudere nove su dieci i negozi di maschere; contrastare e rendere socialmente impensabile l'imbarazzante doppio prezzo per indigeni e foresti nei locali pubblici; non vedere più i tedeschi con la bottiglia di acqua minerale sotto il braccio, mentre i francesi mormorano che altrimenti nei negozi ti pelano. Piccoli-grandi problemi di una quotidianità avvelenata, che intaccano i rapporti, e a risolvere i quali serve, niente meno, modificare il commercio e l'etica.

Qui ci vorrebbe la penna più iraconda e pugnace di Carlo Emilio Gadda: non si finirà mai di accusare e condannare gli sciagurati che – sbagliando, ritardando, facendo colpevolmente invecchiare il progetto del Mose, oltre che organizzandoci su mangerie pubbliche e private, o magari addirittura finalizzandolo a queste – hanno finito per dar ragione, a posteriori, ai nemici della tecnica e del pensare, programmare e agire in grande. Hanno sabotato così l'idea stessa delle "grandi opere", ma Venezia è essa stessa, di base e da sempre, una "grande opera" e sopravvive perché i suoi tecnici, ingegneri, architetti, operai, magistrati, politici, hanno saputo fondarla e rifondarla, tener su questa città unica che si impianta e galleggia su acque e su pali. E perché diavolo noi dovremmo invece scantonare e non farcela, davanti ai problemi del nostro tempo? Vedi ora con il fatto e il simbolo delle grandi navi: è mai possibile che la soluzione sia chiudere Venezia, negare tutta la sua storia, dirottarle da Palazzo Ducale e mandarle a vedere Piazza Unità a Trieste o la pescheria a San Benedetto del Tronto? Le intravedo invece già, all'orizzonte del Lido – dove ci sono sempre tre, quattro petroliere e navi da carico che vengono e vanno –, immense, torreggianti, bruttissime, con cinquanta ponti, migliaia di croceristi, ferme lì; e tutt'attorno, come alle Hawaii, flotte di barche, motoscafi, gondole, zattere, vele, gommoni, tutto ciò che – fra milioni di flash e di selfie, e con grande delizia dei turisti così variamente accolti e dei venditori di collanine, maschere, cartoline, vetri simil-Murano che si affollano e vanno all'assalto (mafie del Tronchetto non escluse) – celebra il loro glorioso arrivo in vista di Venezia. Via mare. Di dove, se no?

Costa? Costerà certo. Ma con tutti i soldi che il turismo fa girare... E poi, neanche deviare i fiumi, neanche costruire le grandi dighe, o i ponti, fu uno scherzo.

Due posture per Venezia

MADDALENA LOTTER

Quando Cristiano mi ha contattata per propormi di far rientrare un mio intervento in questa pubblicazione, ho istintivamente risposto di sì. Nei giorni successivi alla mia conferma ho riflettuto a lungo, a casa, mentre camminavo per strada, mentre facevo altro; il pensiero – e diciamolo pure, la preoccupazione – di come impostare questo pezzo è stato sempre con me per più di due settimane. Cosa avrei potuto dire, io, che non fosse già stato detto in tutti questi anni di giuste polemiche su una Venezia che collassa? Cosa potrei aggiungere? Ho 27 anni e ho una formazione artistica e umanistica, quindi non sono né un'economista, né una politica, né una storica di professione, né insomma qualcuno con un'esperienza e le competenze necessarie per proporre delle buone pratiche sul territorio. C'è però un aspetto della mia storia e della mia percezione della città di Venezia che può forse risultare interessante: sono nata a Venezia nel 1990 e da Venezia non me ne sono mai andata, se non per brevissimi periodi.

Ho capito quindi di voler scrivere il mio contributo non tanto per lamentarmi di quello che a Venezia oggi manca, ma per sottolineare quello che a Venezia già c'è e su cui si può lavorare. Infatti io rappresento in queste pagine non solo me stessa, ma una generazione di giovani a cui è sempre stato detto di andare via, di farsi la propria vita – *sì, ma altrove*, di pensare alla propria "carriera" *fuori*.

La premessa a quello che dirò è in un certo senso più importante di quello che dirò. Sono infatti perfettamente consapevole che i gravi problemi che Venezia e i giovani veneziani stanno attraversando rientrano fondamentalmente in due tipologie: il lavoro e gli affitti delle case. Quasi nessun giovane riesce a mettere su casa a Venezia (e ancor meno riesce a farsi una famiglia) o perché non ha un lavoro, o perché quasi nessuno affitta più appartamenti ai residenti ed è quindi molto difficile stabilirsi in questa città. Ciò detto, io non ho le competenze tecniche necessarie per affrontare qui questo argomento. Come ho già spiegato, mi occupo di arte o al limite di ciò che possiamo far rientrare nella dimensione del "pensiero", e quindi le mie analisi intorno ai problemi di Venezia possono essere esclusivamente legate alla mia capacità di osservazione.

In questi anni infatti ho osservato Venezia e ho rilevato due aspetti su cui ritengo che sia umanamente opportuno lavorare.

Il primo di questi aspetti è legato all'immaginario di Venezia. Bisogna sapere che, per un veneziano, l'idea di Venezia è nutrita da un immaginario diverso da quello che la letteratura e l'arte hanno animato e hanno proposto per secoli a chi si voleva avvicinare a questa città prima di visitarla, o a volte senza visitarla mai: ci sono infatti molti "amanti" di Venezia, quelli che se la immaginano da lontano o che l'hanno visitata un paio di volte, quelli che conferiscono a Venezia un volto mitico che potremmo definire come lo "scrigno dei propri sospiri" e delle proprie malinconie, ecc. Per quanto riguarda gli "amanti" di Venezia è opportuno rifarsi all'immaginario viscontiano e a quello di Iosif Brodskij (due che valgono per tutti gli altri), artisti immensi che dipinsero questa città e la segnarono però in un unico modo per sempre. Ecco, si dà il caso che per un bambino cresciuto qui, che ha vissuto la sua infanzia giocando a pallone e pattinando tra Campo San Polo e Campo San Giacomo dell'Orio, Venezia significa tutto fuorché il concetto di **decadenza**.

Mi sembra importante sollevare la questione, perché questo punto di vista estetico ci offre le basi anche per una riflessione politica. Esso ci fa infatti capire due cose: 1) abitare Venezia non equivale a guardarla; 2) abitare Venezia non significa percepirla come un corpo morente e inerme.

Considerare anche inconsciamente Venezia come il cadavere romantico della nostalgia o come un grande scheletro fatiscente di un tempo antico, andato, irrecuperabile, costituisce infatti una tentazione pericolosa per la vita della città: da qui proviene la voglia di usare il territorio e non più di lasciarlo cantare. Quando ero bambina (quando eravamo bambini) e verso sera si accendevano i lampioni, che illuminano la via principale ma lasciano sempre in ombra gli angoli delle strade, la paura di una città notturna, pulsante di colori e di odori abitava la mia fantasia e mai ho pensato, mentre tornavo a casa dopo una partita a pallone in campo, che Venezia fosse una città morente. Anzi, temevo sempre che da una calletta scarsamente illuminata potesse saltare fuori qualche spirito della notte o che la città stessa mi tendesse un agguato e mi facesse cadere giù, lungo un imbuto nero che conduceva fino ai fondali della laguna; immaginavo in quei fondali una città sommersa e parallela alla nostra, abitata da misteriosi pesci, granchi, esseri viventi organizzati.

Chi è nato e cresciuto a Venezia è sicuramente stato diverse volte a contatto con l'acqua da una barca. Anche questa pratica, la barca intendo, offre la possibilità di avvicinarsi all'essenza di questa città, che, ripeto, non è un'essenza di decadenza, bensì di mistero. Come è noto, anticamente i Misteri erano riti iniziatici la cui caratteristica principale era la "visione delle cose invisibili", che andava mantenuta rigorosamente nel silenzio – pena, l'annullamento della sacralità del rito. Nel contatto con l'acqua (non solo a Venezia, ma ovunque) e nella visione profonda del paesaggio che ci circonda è possibile ascoltare quel canto, un canto che va colto nell'ossimoro del suo silenzio, perché nessuno può dire cosa ha udito planando con la sua barca nella laguna piatta, al tramonto, dietro l'Isola di San Giorgio e dietro la Giudecca: eppure qualcosa – il mondo – in quelle ore ha cantato, ha dimostrato di essere vivo.

Il primo punto è dunque questo: considerare che l'immaginario di una Venezia decadente sia solo una parte di ciò che Venezia realmente è. Così facendo è possibile difendere il canto di Venezia e attuare una buona pratica sulla percezione della città. Per ripopolare questa città, infatti, non sono necessari soltanto i soldi; per ripopolare Venezia è necessario anche far riemergere alcuni valori che in questo territorio sono stati messi da parte, preferendone altri di natura arrogante e certamente meno attenta alle esigenze del territorio.

Il secondo punto di cui vorrei parlare proviene da un'altra osservazione che ho potuto portare avanti negli anni e il cui raggio d'azione non si esaurisce nella realtà di Venezia. Potremmo infatti dire che Venezia è un ottimo specchio in cui emerge un certo stile di vita esagerato, che coinvolge però la società globale.

In cosa consiste questa esagerazione/degenerazione è presto detto: sono i **nostri desideri** ad essere degenerati, perché inesauribili ed esagerati rispetto a ciò che la vita stessa può offrire in una sola vita. La dimensione del desiderio è importante quando si fanno i conti con la delicatezza di un territorio come è quello veneziano. Per esempio, nella dimensione del desiderio degenerato farei rientrare il passaggio delle grandi navi in Bacino San Marco: desiderare per le proprie vacanze una sfilata davanti a Palazzo Ducale a bordo di un gigante di metallo che pesa tonnellate e che rischia ogni giorno di incagliarsi in mezzo alla laguna, costituisce obiettivamente un desiderio, e ancora una volta un immaginario, una pubblicità esagerati. Quello che sto cercando di dire è che non è necessario sfilare in Bacino San Marco per poter dire di aver passato una bella vacanza.

Ridimensionare il desiderio a cui l'uomo occidentale/globalizzato lega la sua felicità, il suo appagamento personale, è allora probabilmente un altro strumento da coltivare se si vuole tener conto della realtà e delle esigenze di un territorio e rispettarle. Ovviamente, infatti, la dimensione del desiderio implica quella del piacere che implica a sua volta quella del denaro e della spesa. Un turismo sano e una residenzialità sana in una città d'arte come è la nostra necessitano di un ridimensionamento della propria idea di piacere e di appagamento, necessitano cioè di una riflessione e di una scelta di tipo etico, perché il desiderio domina le scelte del mercato. Rifiutarsi di fare violenza a una città delicata significa, alla lunga, eliminare quella violenza.

Uno dei motivi per cui ho scelto di rimanere a vivere a Venezia, nella mia vita, è che Venezia è una piccola città dal respiro internazionale; una città che offre cioè pochi stimoli, ma di altissima qualità. Considero che desiderare di ricevere pochi stimoli garantisca la qualità delle proprie esperienze di vita: partecipare a un evento perché magari oggi c'è solo quello, così come muoversi soltanto camminando, cioè lentamente, fare una cosa alla volta, partecipare degli istanti che ci stanno accadendo senza pensare già a quelli che verranno, coltivare insomma la dimensione del tempo presente è ciò che una città come Venezia può offrire a chi la abita. Venezia ci insegna a vivere la povertà degli stimoli, che si rivela essere ricchezza degli stimoli; Venezia ci ricorda che una persona in una vita non può fare tutto, e che questo limite è bello, va accarezzato, va quotidianamente ascoltato e solo in piccola parte superato. Venezia ci insegna che la velocità degli spostamenti (in metro, per esempio) non garantisce il godimento di quegli spostamenti, anzi, spesso lo mortifica. La lentezza è l'unico tipo di desiderio che un turista e un residente veneziano dovrebbero imparare sul suolo di questa città, e questo desiderio di lentezza costituirà, in futuro, l'unica chiave attraverso cui potremo parlare di ascolto degli altri, di rispetto e di comunità.

Il pitosforo

GIOVANNI MONTANARO

Il 1° novembre le sirene hanno suonato all'alba, per annunciare l'acqua alta. Mi sono rigirato nel letto e riaddormentato; ci sono abituato. Poi però mi sono svegliato all'improvviso perché ho sentito uno schianto. Mi sono affacciato alla finestra; non credevo ai miei occhi. Uno degli alberi del giardino era caduto contro la casa, la sua chioma si è appoggiata su un cornicione e i rami hanno invaso il terreno. Sono sceso e l'ho guardato da vicino. Era un pitosforo, mi è sembrato enorme, più grande di quando era in verticale. Da bambino cercavo di scalarlo; solo in quel momento toccavo la chioma. Sarà marcito, mi sono detto; era vecchio, cresciuto storto cercando la luce che a Venezia, tra le calli e i muri, è un'eccezione, una frazione. L'ho risalito lungo il tronco, finché non sono arrivato alla fine, e lì mi sono stupito, preoccupato. Sotto le radici c'era una pozza; la laguna era lì, l'acqua alta aveva fatto fango della terra finché l'albero è crollato. Sono uscito a camminare. Sono passato in panificio, dal tabaccaio, dal cartolaio. Nei negozi c'era l'odore dell'acqua salata, le pompe in funzione. L'acqua alta cambia prospettiva alla città. La fa sembrare più grande. Le ricorda il suo destino acquatico, la necessità di muoversi, cambiare. E le ricorda la sua minaccia, che non è l'alluvione violenta, ma la perdita lenta, inesorabile. Le maree eccezionali non vengono solo quando l'acqua sale molto, ma più spesso quando l'acqua non scende dopo essere salita, quando non si ritira, assedia. L'acqua assedia. La memoria assedia. L'acqua sradica silenziosamente i pitosfori. La memoria, talvolta, sradica il futuro. A Berlino, un giorno, ho comprato un paio di stivali di gomma. È l'unica città al mondo in cui l'ho fatto, oltre a Venezia. Pioveva a dirotto e io volevo camminare. Se non cammino, non possiedo il posto dove sono. Anche Berlino è assediata dalla memoria, ma è larga, è piena di ossigeno. È una memoria presente, assillante. Ma non si contempla; si vive. Chi pensa che Venezia sia data per sempre, sia da contemplare e basta, la tradisce. Non ha capito niente dell'acqua. Venezia per essere tale è stata mille città; la città di mare e sale, che sconfiggeva i pirati slavi e inventava barche; la città ricca e severa, che impose le gondole nere per evitare inutili sfarzi e che infliggeva pene durissime, fino alla morte, a chi alterava i corsi delle acque; la città rinascimentale, in cui Tintoretto e Tiziano si sfidavano a pochi passi, ai Frari; e poi il Settecento della produzione culturale e teatrale; e nel Novecento la Terraferma, la scommessa tossica di Marghera, il Nordest. Una città che è un paradigma acquatico; esisto per scambiare, in relazione, per commerciare. Per cambiare. Venezia non sarà per sempre la città turistica. Quale sarà? le energie rinnovabili o l'istruzione di eccellenza? i tribunali internazionali o le nanotecnologie? l'artigianato o i diritti umani? lo sport o l'opera? Il prossimo paradigma si tesse alla Biennale e alla Mostra del Cinema. Si tesse tra Venezia e terre intorno. Si tesse guardando Parigi, Berlino. Ma si tesse anche nei campi, alle Zattere d'estate, nella aule studio stracolme, nelle feste improvvisate, nel Cinema Rossini riaperto, in chi coltiva gli orti in laguna, a Rialto la sera quando i liceali si sbronzano. Venezia può ancora diventare tutto. A patto che resti qualcosa, nel cambiamento. E non Piazza San Marco, ma la misura di Venezia, la qualità di Venezia, la possibilità di incontrare il compagno delle elementari che fa il macellaio, le ridanciane turiste americane e, un metro dopo, Mick Jagger. La sensazione di appartenere a un piccolo paese, e quindi al mondo, di appartenere a tutto. C'è bisogno di progetti ma anche di fruttivendoli, di archistar ma, prima, di calzolai. Sono tornato a casa. Ho tolto le ramaglie e segato i rami del pitosforo. Ho chiamato gli spazzini. Dalla Fondamenta dei Tolentini abbiamo caricato tutto in barca. Ho pensato che è l'ultima volta che vedo il mio albero. Le cose vanno e vengono, cominciano e muoiono. Ma non finiscono mai del tutto, insegna l'acqua; si trasformano. Il giardino sembra più grande, adesso. Qualche cosa pianterò.

[Pubblicato con il titolo '*Venezia, l'onda lunga della cultura*' sul '*Corriere della Sera*' del 19 novembre 2012]

Presenze in una città presente

EDOARDO PITTALIS

D'estate non c'è quasi niente di nuovo in televisione, soltanto repliche delle repliche. Cinque milioni di telespettatori ogni sera guardano una trasmissione fatta di ritagli di vecchi programmi, meglio se in biancoenero. Questa estate, poi, c'erano i mondiali di calcio senza l'Italia dopo 60 anni e per la prima volta senza la RAI. Tutto il calcio sulle reti di Berlusconi. Tutto come sempre. Mesi di vecchi film riproposti anche due volte nello stesso giorno. La serie degli Anni '70 che si riconosce per il colore particolare che sembra assurdamente vecchio con trionfi di verde e carminio, il ritmo lento, le storie, le musiche, la moda. Eravamo così, vestivamo così in una maniera che oggi appare quasi ridicola con cravattone annodate larghe, pantaloni a zampa d'elefante, scarpe a punta. Automobili che allora sembravano enormi e che oggi paiono modellini. Ci emozionavamo o ci arrabbiavamo per quelle vicende tra storie d'amore, Padrini violenti, lo Stallone italiano che diventava campione di boxe, ballerini alla Tony Manero, polizia che ringrazia, assassini che uccidono tra mosche di velluto grigio, gatti e chiari di luna. Attorno l'Italia si inoltrava nel lungo tunnel dentro il quale gli anni di piombo si mescolavano alle tensioni sindacali, le bugie dei poteri alle illusioni di una generazione ingenua che credeva a tutto e che il futuro sarebbe stato facile.

C'è tra quei film di ieri e l'oggi la presenza di una città a confermare quasi che il tempo si è fermato. Quella città è Venezia. In '*Anonimo Veneziano*' del 1970, nato da un'idea di Giuseppe Berto, l'attore Tony Musante, oboista della Fenice, malato di un cancro incurabile, incontra la moglie dalla quale è separato; non c'è ancora il divorzio. In una scena Musante si rivolge a Florinda Bolkan parlando del brano musicale che deve dirigere: « Pensa è stato scritto 250 anni fa e sembra il lamento funebre per questa città che va a farsi fottere ». Il critico Gian Luigi Rondi, che ha diretto a lungo la Mostra del Cinema di Venezia, sottolinea "*lo sfondo di una città, Venezia, che se non è morta, sembra morente...*".

Il film quell'anno fu campione d'incassi, superò anche '*Love Story*' al quale molti lo avvicinarono più per sminuirlo che per elogiarlo. Ripropose una Venezia bellissima ma profondamente decadente e, soprattutto, malinconica. Una città che era sempre in prima pagina per le inchieste giornalistiche e televisive di Indro Montanelli, portato in tribunale dai difensori ipocriti di un decoro che non c'era. Montanelli, Sandro Meccoli e gli altri parlavano di decadenza, ma non immaginavano neppure lontanamente l'invasione del turismo che sarebbe arrivata.

In '*Amici miei*' (1975) i cinque amici delle zingarate si ritrovano sul Piazzale Michelangelo a Firenze, appoggiati alla ringhiera, guardano laggiù l'Arno e i disastri che ha fatto, la città distrutta. Il conte Mascetti, interpretato da Ugo Tognazzi, esclama: « Dio Madonna che squallore! Sembra Venezia ». È l'alluvione del novembre 1966. Ciò che colpisce più che l'acqua è quell'accostamento "Squallore-Venezia", quasi che un termine fosse sinonimo dell'altro. Eppure quell'alluvione passata alla storia come l'alluvione di Firenze, ha finito per oscurare il pericolo più grave corso da Venezia che rischiò davvero di scomparire. Nel Triveneto la furia della natura fece cento morti e duecentomila sinistrati. Non ci fu fiume che non traboccò e quel 4 novembre il cielo di giorno era scuro come la notte. Quando toccò a Venezia, sembrò la fine della città, la cosa più vicina al diluvio universale, "*l'Acqua Granda*", la sola, la vera acqua alta da affidare alla memoria.

Venezia era una città sommersa, spettrale, livida come l'acqua che la ricopriva e il cielo che stava sopra. I pianoterra abitati da quindicimila persone furono distrutti, così pure i negozi; le merci portate via dalle acque, ogni cosa finita sul Canal Grande dove galleggiavano mobili, nafta, colombi, topi, ogni genere di carcassa.

In quell'acqua affondarono anche speranze e illusioni, incominciò la grande fuga; emersero incertezza e paura che sono rimaste.

I due vecchi film non hanno fatto altro che riproporre antiche paure e luoghi comuni sulla città nella quale oggi si riversano ogni anno 30 milioni di persone, che ha perso rispetto ad allora più della metà degli abitanti, che appare spaventata dai troppi turisti e dalle grandi navi, dall'invasione di massa e dall'incubo di diventare una Disneyland sull'acqua. Divisa tra chi dice sempre no a tutto, spesso senza proporre alternativa, e chi dice sempre sì a tutto. Bellissima, unica, ricchissima e fragile, esposta all'acqua e al fuoco come nessun'altra città al mondo. Città che ha pochi residenti e troppi hanno un'età avanzata; tante case vendute e spesso trasformate in alloggi più o meno ufficiali per turisti. Città che avrebbe bisogno di veneziani nuovi soprattutto giovani, ma non li attira, non li invita. Come dice Arrigo Cipriani, il veneziano oggi più noto al mondo, i masegni non bastano per fare

Venezia, sono necessari i veneziani e attorno panettieri, fruttivendoli, macellai. Non solo ristoratori e venditori di vetri.

Venezia città anche ingrata, fa fatica a ricordare quelli che
l'hanno attraversata e aiutata a diventare ancora più grande, più
ricca, più famosa. Avara perfino di lapidi che costano poco, non
deturpano la città, aiutano i turisti e i residenti a imprimersi nella
memoria i nomi di alcuni "veneziani" che vale la pena rammen-
tare. L'artista veneziano Aldo Andreolo ha dedicato due libri
a questa "*Memoria di pietra*" sottolineando le troppe, ingiuste
assenze.

Penso al solo Novecento e a chi ha fatto la storia di Venezia
nel bene e nel male. L'uomo che più ha segnato i vent'anni che
coincidono col Fascismo è Giuseppe Volpi, non c'è niente che la
città abbia fatto per ricordarlo. Ha alimentato il mito di Venezia,
ha pensato e realizzato Porto Marghera quando l'Italia era
ancora immersa nella Grande Guerra e quasi in coincidenza con
Caporetto. Ha preteso e ottenuto il Ponte Translagunare, unito
Mestre e la Terraferma al Comune veneziano. Ha posseduto
tutto: alberghi, navi, acquedotti, centrali idroelettriche, ferrovie,
società all'estero. Ha progettato unaVenezia della cultura con
avvenire turistico e una Venezia in Terraferma commerciale e
industriale. Si è inventato la Mostra del Cinema ottenendo per
Venezia, in quelle settimane, una sorta di franchigia dal controllo
totale della dittatura. Aveva un sogno dogale. È stato spregiu-
dicato in affari e in politica, capace di lasciare il Fascismo un
attimo prima che cadesse, di andare in Svizzera per sfuggire
alla condanna a morte, di finanziare la Resistenza per potersi
ripresentare in un'Italia nuova. Ma Venezia lo ha rinnegato, è
morto confinato a Roma due giorni prima di compiere 70 anni, il
16 novembre del 1947; le spoglie hanno dovuto attendere ancora

molti anni per essere accolte nel sepolcro che si era fatto preparare nella Basilica dei Frari. E fu possibile soltanto per l'intervento del patriarca Roncalli che nel frattempo era diventato pontefice. Ha raccontato il figlio: « Il permesso arrivò soltanto quando intervenne Papa Giovanni, al quale nessuno osava dire di no ».

Nemmeno Venezia che, però, si è ben guardata dal dedicare una lapide al conte Giuseppe Volpi di Misurata che aveva un palazzo con cento stanze sul Canal Grande e una villa grande come un castello sul Terraglio.

Così come Venezia ha negato onori e cittadinanza a Peggy Guggenheim che offrì alla città il Palazzo Venier dei Leoni sul Canal Grande e la sua collezione d'arte moderna, una delle più ricche al mondo. Tutto rifiutato e non si è mai capito il perché. La collezionista e ereditiera era venuta a vivere in città nel 1949 comprando casa e portando quadri e sculture e artisti. Aveva una vita movimentata, vivace, era diventata più veneziana dei veneziani, diceva che « vivere a Venezia significa innamorarsene e nel cuore non resta più posto per altro ». Morì nel 1979 alla vigilia di Natale, aveva offerto tutto quello che aveva in città al Comune di Venezia, aveva chiesto che le sue ceneri venissero sparse in laguna. Sono sepolte in un angolo del giardino del Palazzo Venier dove aveva fatto seppellire i suoi cani. Il suo nome e il suo museo sono su tutte le guide del mondo, non in una lapide su un muro veneziano.

E non c'è neppure una pietra che ricordi uno dei più grandi e controversi poeti del Novecento vissuto decenni a Venezia, l'americano Ezra Pound. Era venuto in città negli anni più inquieti e sanguinosi della dittatura, quelli della guerra e della guerra civile; era stato il microfono e il vate di una propaganda incalzante a favore del nazifascismo. A guerra finita, in Liguria, si consegnò al primo soldato americano incontrato e il comando USA lo chiuse, come un animale, in una gabbia di ferro e cartone ai bordi della pineta di Tombolo vicino al porto di Livorno. Esposto a sputi e insulti: *"I soldati venivano a deridermi e gettavano del cibo a quell'animale strano che è il poeta"*. In quella gabbia ha composto a memoria i versi più belli della sua poesia, li ha ripetuti per ore, li ha trascritti a giorni di distanza grazie alla complicità di un infermiere. *"Persi il mio centro / combattendo il mondo. / I sogni cozzano e sono infranti/ e sì che cercavo di costruire un paradiso terrestre"*. Fu il suo inferno, gli costò un processo in America per aver aiutato i nemici degli Stati Uniti. Rischiò la pena di morte, lo chiusero per 12 anni in manicomio criminale. Quando uscì, nel 1958, scelse di vivere a Venezia. Era diventato un punto di riferimento quotidiano, usciva ogni giorno per la sua passeggiata alle Zattere. Il bastone di canna spinto in avanti, il cappellone chiaro, la barba grigia ingiallita dalla nicotina. Misurava le fondamenta a passi lunghi e sicuri come i suoi versi. Non rivolgeva la parola a nessuno, rispondeva ai saluti con un cenno del capo. Raggiungeva Punta della Dogana e si sedeva a comporre: *"Sedetti sui gradini della Dogana / Perché le sigarette costavano quell'anno / E le 'signorine' non c'erano..."*.

L'hanno seppellito nell'Isola di San Michele, nella terra, c'è una lapide col suo nome. La sola lapide con la quale Venezia lo ricorda.

E non c'è niente che indichi ai turisti di tutto il mondo che in Calle Vallaresso quasi novant'anni fa Giuseppe Cipriani ha creato una delle leggende della Venezia moderna dalla quale è nato un impero sparso nei cinque continenti. Era l'ultimo di otto fratelli di una famiglia poverissima, aveva seguito il padre emigrato in Germania ed era stato rimpatriato per la Grande Guerra. Aveva evitato la prima linea soltanto perché compiva gli anni proprio il giorno in cui venne firmato l'Armistizio. È stato il geniale inventore dell'Harry's Bar in quello che era un magazzino di corde in una calle senza uscita. Pensava che i clienti dovessero arrivarci apposta. Ha inventato il Bellini e il Carpaccio, ha servito Martini a re, principi, capi di Stato e scrittori premi Nobel, a divi di Hollywood e armatori ricchissimi. È morto a ottant'anni nel 1980, disse ai figli: « Non è che voglio morire, ma muoio ».

Il figlio Arrigo "oste" come ama definirsi e scrittore raffinato e ironico racconta di essere l'unico uomo al mondo che ha il nome di un bar. Il locale è stato dichiarato monumento storico dal ministero. Venezia ha fatto finta di niente.

Proporrei una lapide anche per ricordare un marinaio milanese che negli anni della guerra scese dalla regia nave e si mise a dare calci a un pallone, tanto bene che qualcuno corse ad avvertire il presidente del Venezia Calcio che giocava da poco in Serie A. Si presentò palleggiando scalzo, in quel campo dove sembra di giocare quasi sull'acqua, ai confini tra la terra e il cielo. Allora il pallone era di cuoio duro scurito dal sole, l'allacciatura lasciava segni profondi sul piede nudo. Gli acquistarono subito le scarpette che avevano tacchi di cuoio da avvitare e lo presero in forza per quel Venezia che sarebbe arrivato alle spalle della Roma per lo scudetto e avrebbe battuto la stessa Roma in Coppa Italia. Mai i neroverdi sono arrivati così in alto. Il vecchio Stadio Penzo lo ha visto giocare, Valentino Mazzola, uno dei più grandi calciatori europei, lo ha visto mandare in gol Ezio Loik, rimboccarsi le maniche per spingere la squadra all'attacco mentre fuori volontari in barca recuperavano il pallone calciato troppo forte. Mazzola e Loik moriranno insieme nell'aereo del Grande Torino finito in una sera di maggio del 1949 contro la fiancata della Basilica di Superga. Trentuno morti, molti di quella squadra venivano dal Triveneto, qualcuno dalla vicina Chioggia. Fu chiamato a riconoscere i corpi l'anziano CT Vittorio Pozzo che aveva vinto due mondiali e un'Olimpiade prima della guerra. Li conosceva bene, una volta aveva messo in campo una Nazionale con dieci giocatori del Grande Torino su undici.

Hanno dedicato un ponte a Valeria Solesin. Era partita per Parigi per studiare e per lavorare alla Sorbona. È morta in un attentato di terroristi islamici al Bataclan dove assisteva a un concerto degli Eagles of Death Metal, un gruppo californiano. Stavano cantando 'Kiss the Devil', Bacia il diavolo, quando i terroristi fecero fuoco sparando all'impazzata nel mucchio. Valeria era nel mucchio, aveva perso la borsa con i documenti, impiegarono giorni per identificarla.

È tornata in gondola fino a San Marco per l'ultimo viaggio e la gente nella Piazza gridava « Arrendersi mai » e i genitori con dolore composto non parlarono di odio o di vendetta e il Presidente della Repubblica Sergio Mattarella disse che Valeria « rappresentava il futuro ».

Se ne andò in una bara coperta di fiori sulla gondola che scivolava sul Bacino nel quale non c'erano vaporetti, le grandi navi erano state tenute lontane e tutte le gondole erano state messe in fila per il corteo. Le cinque campane del Campanile di San Marco suonarono tutte insieme, come accade soltanto nelle grandi occasioni. Hanno un nome le campane e suonano una nota, nell'ordine: La-Si-Do-Re-Mi. La prima è la Marangona, l'unica rimasta intatta dopo il crollo del Campanile nel 1902. L'ultima, la Renghiera, suonava per i giustiziati.

Valeria è l'immagine di una Venezia che lotta per costruire il futuro, non per conservare gli errori del passato. È morta per dimostrare che la cosa di cui dobbiamo avere più paura è la paura stessa. Valeria merita di essere ricordata.

Sarebbero tanti modi di vivere la città, di abitarla e non soltanto di attraversarla spesso in fretta e disattenti. Di dimostrare che Venezia non ha bisogno, come nei vecchi film, di musiche che siano lamenti funebri, non è lo squallore perché solo acqua livida che trasporta di tutto. Ha problemi, certo, ma ha anche speranze. È città antica e allo stesso tempo la più moderna che esista, perché inimitabile, perché può raccontare storie che nessun'altra città può raccontare, perché qui e soltanto qui è accaduto che in pochi anni un poeta misurasse le fondamenta a passi lunghi, una collezionista raccogliesse capolavori dell'arte moderna, un marinaio calciasse a piedi nudi come un bambino delle favelas, un oste ispirato mescolasse il cocktail, un ricco visionario creasse un'altra città, una studentessa da sola sconfiggesse il mostro. Perché solo Venezia sopporta ogni giorno centomila turisti al giorno e la notte, come accade con la marea, respira e si ricompone pronta per il giorno dopo. Perché in nessun altro posto come qui l'alba arriva puntuale ogni volta a sconfiggere il buio.

Un passo dopo l'altro

Tiziana Plebani

un passo dopo l'altro, cammino come sempre, come sempre impegnata in un corpo a corpo con questa città che mi regala felicità e insieme mi spezza il cuore per il malgoverno, la volgarità, le ferite alla sua bellezza e alle sue persone
un passo dopo l'altro, cammino come sempre, la mattina presto quando ancora tutto è possibile e integro ed è sgombra la via, così osservo ogni cosa e con briciole di speranza e stupore sgrano il rosario di benedizioni che ogni giorno rinnovo

-benedico il fiocco che troneggia su un portone
rosa o azzurro, fa lo stesso
-benedico il profumo del pane dei forni ancora in attività
-benedico gli scolari che s'affrettano a entrare in classe e sorrido
alle scuole ancora aperte

un passo dopo l'altro, cammino come sempre, scorrendo tra palazzi, corti, campi, e penso alla 'misura' di Venezia, quella indicata da Le Corbusier che nell'ottobre del 1962 aveva scritto al Sindaco di allora. Il segreto di Venezia, gli aveva confidato, risiede nel rapporto armonioso tra la figura umana e l'altezza degli edifici che permette di ritrovare sempre la magica linea dell'acqua e dell'aria. Lo pregava di non mettere a repentaglio proprio la caratteristica "così mirabile" della città. Non esponga, Sindaco, Venezia all'invasione della dismisura.

Un passo dopo l'altro, cammino come sempre, e so che tra poco la dismisura si materializzerà nella fiumana di turisti, trolley, valigie, cartoni di pizza, bottiglie d'acqua, lattine e ancora lattine. Non se la immaginava, Le Corbusier, questa dismisura: la dismisura dei corpi che sospingono altri corpi, invadono gli spazi, ci esiliano da noi stessi e dalla nostra città. Neppure se la immaginava la dismisura di grattacieli, torri, cubi di cemento di Mestre, orribili volumetrie pronte a sfornare altri turisti, altri posti letto, altre esili. Profili sgraziati, senza 'misura', dal totale oblio delle altezze dei viventi e disinteressati all'ostacolo posto allo sguardo che sbatte senza trovare tregua e senza rinvenire la linea dell'acqua.

Un passo dopo l'altro, cammino come sempre e penso a cosa avrebbe pensato Le Corbusier della città di adesso, di questo albergo frettoloso e invadente, e della dismisura di Porto Marghera, un gigante dormiente e ripudiato. A quale Sindaco oggi avrebbe mai potuto appellarsi?

e intanto

-benedico chi viene a ritirare la spazzatura
-benedico ogni negozio e ufficio non turistico che apre i battenti
-benedico chi restaura e chi paga quel lavoro
-benedico le badanti che chiacchierano sedute sulla panchina, e benedico pure la panchina

un passo dopo l'altro, cammino come sempre, e intanto scorgo un mostro galleggiante avanzare e gettare un'ombra lunga sulla riva e così penso a Petrarca e a quella notte dell'aprile del 1363 in cui la tempesta e il vento squassavano gli alberi delle navi, qui sulla stessa riva a pochi passi dal palazzo del Doge, dove aveva allora sede il porto e si affacciava la dimora concessa dalla Serenissima al poeta. Impressionato, corse a prendere la penna e a indirizzare una lettera all'amico Francesco Bruni: «sorgo frettoloso, e salgo alla parte più alta di questa casa che prospetta nel porto. E guardo, e veggo. Oh! quale spettacolo misto ad un tempo di pietà, di meraviglia, di paura e di diletto. Qui sulla bocca del porto presso alle sponde marmoree, e ferme sulle àncore avevano svernato alcune navi, che si agguagliavano per mole al vasto palazzo da questa libera e liberale città concedutomi ad uso, e sorpassavano di non poco colle cime delle antenne l'altezza delle due torri angolari che lo fiancheggiano». Tremavano le mura delle case «e mugghia di sotto pauroso il mare» mentre la maggiore delle navi iniziava a muoversi, sotto lo sguardo del poeta che all'amico scriveva: «Se tu la vedessi, diresti non esser quella una nave, ma una montagna natante sul mare».

Ah Petrarca, che ti parrebbe oggi delle enormi montagne che solcano queste acque per lo stupore dei turisti dal pacchetto tutto compreso, del circo del divertimento senza pensieri? Montagne? No, intere catene montuose galleggianti, prive della sublime armonia delle rocce.

Oppure ogni epoca fa i conti con le proprie dismisure?

Petrarca, annoto intanto che Venezia ti era apparsa libera e liberale...

e intanto

-benedico le aule universitarie e le speranze dei giovani che le abitano

-benedico il giornalaio che vende ancora i quotidiani e chi li
legge
-benedico il mercato del contadino del lunedì e quello del biolo-
gico a metà settimana
-benedico chi ancora in città tosta il caffè che spande il suo
aroma nell'aria delle calli
-benedico Andrea che vende i fiori in campo il martedì e il
sabato
-benedico chi corre la mattina presto e quelli che si affannano la
sera sui duri masegni

un passo dopo l'altro, cammino come sempre e faccio mea sui
portoni delle sedi delle Università, mi incanto a seguire con gli
occhi la giovinezza che entra, li ringrazio, S. Giobbe, Ca' Foscari,
Iuav, Ca' Tron, Ca' Badoer e tutte le altre sedi. Siete la resistenza
a una città che si vaporizza sotto l'ingordigia del turismo e chi
lo sfrutta, siete una risorsa preziosa e dentro quelle aule quanta
sapienza utile a riportare in vita la giusta 'misura': l'etica per
frenare la cupidigia della rincorsa alla rendita senza sforzo e
riguardare la città con il metro di un bene prezioso per tutti, la
storia per cogliere le attualità del passato e impegnarsi nel presente, la letteratura per aprire il cuore ai sogni, l'architettura che
con l'economia potrebbero riconsegnarci una città a misura di
ambiente e di tutti. Ma chi vi ascolta oggi? Abbiamo così tante
conoscenze eppure così imprigionate in queste mura come sirene
verso cui i governanti si mettono i tappi di cera e proseguono
indifferenti per la loro strada. Eppure quanta felicità vi si può
trovare e ho trovato
e intanto

-benedico le donne che abbelliscono i campielli e le corti di piante
e fiori, quasi a farne salotti
-benedico chi si mette con la sedia fuori casa a prendere il fresco
e a veder passare le persone
-benedico quelli che vanno al lavoro e quelli che il lavoro ancora
lo cercano
-benedico chi occupa le case sfitte e non fa troppo chiasso

un passo dopo l'altro, cammino come sempre e seguo la mappa
delle biblioteche e degli archivi di questa città, luoghi ricchi da
non credersi e che la gente ignora, messi in scacco da politiche
cieche perché con la cultura non si mangia, non si beve e non
regna il re quattrino. E sono miei luoghi, che mi hanno dato da
mangiare, fatto bere e pure dato un dignitoso quattrino e spa-
lancato un mondo di voci e pensieri. Il composto silenzio della
Marciana, il brio della Querini, l'eleganza sontuosa della Manica
Lunga di S. Giorgio, le tante biblioteche universitarie, ognuna
diversa e accogliente, quelle del Comune, la vastità dell'Archivio di Stato e le innumerevoli risorse di quello Patriarcale.
Basterebbe accostarvisi per rintracciare il senso della sfida della
città, quella scelta di vivere su un luogo di molte acque e di poca
terra, di rincorrere un equilibrio fragile di saperi e di cure necessarie. Vivere l'Altrove, vivere di misura, costruire una comunità
anfibia unita dal medesimo sforzo
e intanto

-benedico i bambini che giocano in campo e le mamme col
pancione
-benedico le remiere e chi ancora costruisce barche e forcole
d'artista

-benedico le gallerie d'arte e chi offre agli artisti una possibilità,
fosse pure una chimera
-benedico i consultori e gli ambulatori della sanità pubblica
-benedico i vicini impiccioni perché impicciarsi è meglio di
nulla

un passo dopo l'altro, cammino come sempre, e immagino che
i miei occhi possano polverizzare tutti i negozi di paccottiglie,
senza nuocere a vivente, ma distruggendo ogni cosa, perché la
volgarità di questi oggetti senz'anima si insinua nelle nostre vite,
ammorba l'aria. Lo sguardo deve evitarle, si affatica e si immi-
serisce. Non sono le buone cose di pessimo gusto del Gozzano,
sono solo cose brutte segnate dalla futilità della loro esistenza.
Elimino, faccio spazio, sgombro, tolgo ferite alla bellezza e faccio respirare me e insieme la città
e intanto

-benedico le locandine degli eventi culturali e chi li organizza
-benedico le librerie che esistono e resistono
-benedico i ristoratori onesti e le vere osterie dove bere un'ombra in compagnia
-benedico i musei veneziani e chi li frequenta sapendo che c'è un
tesoro che attende ciascuno di noi
-benedico le società sportive e tutto il mondo delle associazioni
-benedico i centri sociali, i circoli di partito e, perché no, anche
i patronati

un passo dopo l'altro, cammino come sempre, accorgendomi di
qualche angolo di bellezza che ancora mi era sfuggito e di nuovo
mi sorprendo a chiedermi: la bellezza ci basta? Può salvarci?

No, lo sappiamo che da sola non ce la fa. Non possono essere i marmi, le pietre, le statue, le patere, a metterci al riparo. Ma ci abbiamo creduto e quando cammino quest'illusione riaffiora come un sogno, simile al candido sguardo di Violetta, figlia del segretario del Consiglio dei Dieci, nella straordinaria *Venezia salva* di Simone Weil, ai tempi della congiura spagnola di Bedmar nel primo Seicento: «Far male a Venezia! La sua bellezza la difende meglio dei soldati, meglio delle cure degli uomini di Stato!», ma già il genitore le ribatte: «Bambina, che credi una città difesa dalla sua bellezza!».

un passo dopo l'altro, cammino come sempre, e mi chiedo cosa ora vedrebbe oggi dall'alto del campanile di San Marco Jaffier, il capitano pronto a scatenare la presa di Venezia e la sua messa in scacco, la città abbandonata una notte intera al saccheggio, alle violenze, agli stupri, per consegnarla l'alba seguente prostrata e sottomessa agli invasori, condotti da persone sradicate, gente senza terra e mercenari. Chi è sradicato, sradica, ha scritto Simone Weil.

Ma Jaffier all'ultimo, contemplando Venezia dall'alto, mentre la luce del giorno scemava, sostò a lungo, si commosse per la bellezza e grandezza di una comunità felice e libera, di una città "perfetta", in cui tutti apparivano «appassionatamente attaccati alla loro patria e alla loro libertà, il popolo come i nobili», e non impartì più l'ordine d'attacco, facendo fallire la congiura.

Che cosa scorgerebbe oggi Jaffier? La stessa libertà e felicità, l'orgoglio di una diversità irriducibile della città? Vedrebbe ancora una città degna di questo nome? Proverebbe qualcosa in grado di arrestare in cuor suo l'invasione? O l'occupazione c'è già stata e non ce ne siamo neppure accorti e non abbiamo saputo avvistare l'identità del nemico?

e intanto

un passo dopo l'altro, cammino come sempre, e rivolgo gli occhi a terra ad ammirare la tenacia della parietaria che sbuca dalle fessure dei masegni, la perseveranza delle erbe spontanee che, seppur esili, cercano di riconquistare i campi, le calli, le corti. Un universo verde che rinasce e si ripropone sempre, senza mai cedere, dopo il passaggio dello sradicatore. E mi domando se non faccio parte anch'io, insieme a tutti quelli che amano e rispettano questa città, di questa flora silente che sopravvive, resiste e si slancia comunque, cercando di far vivere a modo nostro una città di pietra e di sogni

e intanto

-benedico la parietaria e le erbe matte di città

e un passo dopo l'altro, continuo a camminare come sempre

Nota:

Rinvio ad alcuni miei scritti su Venezia: su Le Corbusier e la misura il mio articolo *Un modello urbano a rischio di dismisura*, Il Manifesto 17 novembre 2012, e *Venezia e il sentimento del luogo*, in *Lezioni Marciane 2013-2014. Venezia prima di Venezia. Archeologia e mito alle origini di un'identità*, Roma 2015 (si possono leggere nel mio profilo su Academia.edu).
La lettera di Francesca Petrarca a Francesco Bruni del 9 aprile 1363 fa parte di *Seniles. Lettere senili*, citata dall'edizione con traduzione e note di Giuseppe Fracassetti, Firenze, Le Monnier, 1879-1870, n. 104, pp.141-142.
I brani tratti da *Venezia salva* di Simone Weil si riferiscono alla traduzione e cura di Cristina Campo, Milano, Adelphi, 1987.

Venezia solo andata

ANNA POMA

L'arrivo a Venezia è un collasso di certezze. È una casa sull'acqua e l'acqua dentro ai muri, nelle ossa, nell'aria che respiri; sono i pavimenti storti, le altane a cavalcioni sopra i tetti, la laguna che impreca, si gonfia e si addormenta e non puoi distinguerla dal mare. Sono pareti di pietra bianca che si inclinano, intonaci che trasudano colore e i masegni lucidi che ti fanno pensare che alla fine sei sempre e solo in casa anche se sei fuori. E sei sempre fuori anche se ti chiudi dentro casa.

Venezia a me fa questo effetto, che il dentro sia sempre anche fuori e il fuori sia anche sempre dentro. Che i confini non smettano di esser liquidi nonostante lo sforzo immane di scolpirli in proprietà private e traiettorie esclusive, nonostante l'occupazione selvaggia, le navi grattacielo, gli esodi forzati. Venezia, per me che non ci sono nata, è ed è stata, dall'inizio, un impasto di soglie scivolose e un imparare a stare in equilibrio scivolando. Una terra malferma e malcerta, ineducabile, ribelle a cui forse non mi dispiacerebbe somigliare.

In questa città ho incontrato la filosofia, la psichiatria, il manicomio, i matti, Franca Ongaro Basaglia, la battaglia contro la tirannia dell'oggettività e la passione di un progetto ritenuto da subito "impossibile": realizzare qui un laboratorio culturale in cui normalità e follia (sempre una questione di confini che si vorrebbero di pietra, chiusi, intransitabili, definitivi) potessero finalmente incontrarsi prendendosi sul serio, partorendo visioni e contesti di abitabilità condivisi. Il progetto si chiama Festival dei Matti e da dieci anni ha occupato, abitato la mia vita insieme a quella dei molti complici che per poco o per molto tempo ne hanno scritto la storia e sostenuto le peripezie.

Ritorno

Sono arrivata al manicomio di San Clemente nel 1992, nei mesi dello smantellamento, quelli in cui divenne chiaro che nessuno, da lì in poi, sarebbe più rimasto incatenato all'isola del perenne fuori gioco. Sono arrivata lì per provare a capire cosa fosse stato quel luogo, se ancora si sentissero i respiri agonizzanti di chi vi era vissuto fino a quel momento. Ricordo la polvere, l'odore della polvere, le cataste di cartelle cliniche sfondate, esauste per troppo peso, per tutti gli anni e le storie sepolte vive nell'inchiostro scolorito di frasi private persino della grammatica opportuna. La sequenza ostinata e inossidabile delle virgolettature – la stessa terapia, le stesse note sulla quotidianità, la stessa ottusa sequenza di giudizi su vite senza scampo, inutili a dirsi, a conservarsi, a raccontarsi. Dirimpetto alla Venezia di ogni cartolina, San Clemente, manicomio provinciale femminile, e la vicina San Servolo, ospedale psichiatrico maschile chiuso nel 1978 grazie ad una legge che è patrimonio dell'umanità, sono stati teatri senza spettatori di migliaia di vite cancellate in nome della scienza, della cura, dell'ordine sociale, del bisogno di disfarsi delle contraddizioni, delle dissidenze, di quello che oltraggia il nostro rassicurante ordine del mondo. Cattedrali della paura e dell'ipocrisia, identici a ogni altro manicomio in Italia e nel mondo, eppure qui persino più struggenti per la distanza risibile che li separa dalla città delle città, quella più desiderabile di tutte. Architetture oggi completamente cancellate da potenti restauri e riconversioni che, anche quando non l'avrebbero voluto, hanno fatto piazza pulita del baccano di tutto quell'orrore. E della sua memoria. Fatta eccezione per l'archivio del manicomio e quello della Fondazione Franco e Franca Basaglia, persino a San Servolo – rimasto di proprietà pubblica e destinato ad uso pubblico – a parlare di ciò che è accaduto è rimasto soltanto un museo incolore, che si tiene a debita distanza da ciò di cui sarebbe testimone, che mette in mostra i vestiti della festa di un luogo dove nulla era mai da festeggiare e serve ai visitatori solo ricordi ripuliti e benpensanti.

Andata e ritorno

Lasciata la città dei matti, è la città di tutti quella in cui bisogna tornare. Palazzo Boldù, il Centro di Salute Mentale inaugurato nel 1980, si trova nel cuore del Sestiere di Cannaregio, nel Campo di Santa Maria Nova. Si trova lì, in pieno centro storico, come dovrebbe accadere per tutti i nuovi luoghi destinati alla cura del male mentale, quelli pensati per rovesciare l'esclusione e tornare ad accogliere la follia riconoscendola come dice Franco Basaglia "*là dove essa ha origine, cioè nella vita*". Un contesto non più separato, aperto, attraversabile da tutti, uno spazio volto a soppiantare le segregazioni reinventandosi la cura nel ganglio del tessuto sociale, là dove si vive davvero, dove si abitano le case, dove si frequentano i bar, i negozi, le farmacie, dove si passeggia. Un bel palazzo quattrocentesco con tanto di corte interna, biblioteca aperta a tutti. Insomma il contrario del manicomio ma anche il contrario dell'ospedale, che la cura del male mentale non c'entra nulla con i camici e i pigiami, le igienizzazioni, i letti, con tutta quella medicina che dimentica le storie, la storia, i contesti. Palazzo Boldù oggi continua ad ospitare, nel cuore della città, quel servizio, ma sembra che ormai nessuno se ne accorga. Una manciata di decenni sono stati sufficienti a chi lo ha governato a disegnargli intorno un muro di cinta immateriale ma potentissimo che è tornato a tagliar fuori, a separare, contrapporre il dentro e il fuori, la normalità dalla follia. Invaso all'interno da troppe pareti divisorie, ridotti i saloni in squallidi ambulatori ingombri di arredi di risulta, chiusa la biblioteca, persino il giardino si è intristito delle attese di qualcosa che da fuori ha smesso definitivamente di arrivare. I matti possono ormai attraversare una città a cui nessuno, né loro stessi né chi si occupa di loro, chiede ancora la cittadinanza.

Andata (Franca Ongaro Basaglia)

Le chiedo un incontro per parlarle di un progetto. Un libro di interviste che raccontasse la rivoluzione culturale che ha condotto alla chiusura dei manicomi in Italia e quello che è successo dopo. Un progetto ambiziosissimo per me che so troppo poco di quello che pretenderei di maneggiare, di quello di cui vorrei parlare, ma come spesso accade a chi si trova in queste condizioni, non lo so, non lo capisco, non me ne accorgo. Senza molte domande mi dà un appuntamento, arrivo e subito mi accorgo dell'azzardo, dell'ingenuità, del troppo che mi manca.

La casa è un magnifico sottotetto, c'è luce ovunque e ci sono i libri, i gesti, i segni di un mondo che intravedevo e da cui non mi sarei più potuta separare. Ne sono un po' stordita, balbetto, sono talmente poco convincente che lei, dopo avermi ascoltata con calma, mi invita a ripensarci, a ridimensionare. Tornerò in quella casa più di una volta, conoscerò la sua pazienza, la sua fermezza e l'impossibilità di rivolgersi a lei parlando a vanvera. Imparerò lì la parentela sotterranea di parole che di solito abitano mondi diversi: follia, malattia, devianza, invalidazione, espropriazione, morte, diritti, libertà, bisogni, soggettività, differenze, legami, appartenenze. Parole che con la sua vita e la sua opera, Franca Ongaro Basaglia ha ostinatamente riannodato, esibendo la trama nascosta delle loro implicazioni, mostrando come soltanto a partire da quella trama fosse possibile sottrarsi al determinismo delle "diversità naturali", e alla loro traduzione culturale e politica in disuguaglianza sociale. Incontrandola, mi sono resa conto che ci sono esistenze in cui il confine tra la vita pubblica e quella privata è troppo sottile per offrirsi alla presa, che vi sono battaglie in cui non puoi entrare e uscire a piacimento, appartenenze che dicono di te più di quello che tu potresti dire. La sua riluttanza a parlarsi addosso, a citarsi, a usare il singolare erano il segno inequivocabile di un modo di stare nel mondo e nelle relazioni che non avrei smesso di invidiare.

Era sempre il noi a privilegiare. Un noi che rimandava allo straordinario sodalizio intellettuale e umano con il marito Franco, ma anche ad un noi "più largo", quello di coloro che a partire dagli anni '60 avevano lavorato ad un radicale rovesciamento del sapere e delle pratiche che fino a quel momento avevano preteso l'ultima parola sulla follia. Un noi che ti faceva rimpiangere di non esserci stato, di averne soltanto sentito parlare. Una volta mi disse: «chi ha conosciuto il manicomio e in qualche modo è gravitato dentro a queste esperienze ne è stato contagiato. Perché, al di là di tutte le difficoltà, ha conosciuto e condiviso una circolazione di affettività che non si trova di solito [...] una passione che poi è la passione della scoperta delle persone nelle esistenze più abbandonate e distrutte, la passione del sentirsi complici». Un'esperienza di non ritorno. Era impossibile non riconoscere in Franca quell'appartenenza, ma anche l'ostinazione a rimanervi fedele, l'impegno a riattualizzarla di continuo, la fierezza di non aver consentito ad alcuno di usurparla. O di interromperla. Fu impossibile per me non rimanerne contagiata. Fu impossibile non cedere al desiderio di contribuire a far durare quella storia.

Solo andata

Mentre Venezia va inesorabilmente saturandosi di transiti e svuotandosi di permanenze, l'idea di abitare questo centro storico, progettando qui la propria vita suona strano, incomprensibile, sconveniente, antieconomico. Chi governa la città non sembra affatto preoccuparsene e riduce tutto a una questione di risorse. Occorrono innesti di denaro, soluzioni chirurgiche, interventi draconiani che impongono logiche impietose di cui la perdita di abitanti e l'erosione del diritto di cittadinanza sono dazi inevitabili.

Io rimango. Torno a laurearmi, mi specializzo, conosco gli altri protagonisti di quelle battaglie (Peppe Dell'Acqua, Franco

Rotelli, Giovanna Del Giudice, Maria Grazia Giannichedda, Gisella Trincas, Stefano Cecconi e i tantissimi altri che quella storia hanno continuato a scriverla anche vivendo in prima persona l'esperienza del disturbo mentale) che diventeranno gli alleati, i complici, gli amici di un viaggio da cui non sarei mai più tornata. Capisco, più passa il tempo, più studio, più imparo a guardare e ad ascoltare la fatica e la bellezza dei legami, che la follia riguarda davvero la vita di ciascuno di noi. La costeggia, la interseca, talvolta la inghiotte, talvolta le apre la strada all'emancipazione. Capisco che quest'appartenenza è la chiave, che le vie senza uscita della psichiatria le disegna la presunzione di uno scarto, la convinzione di una diversità diseguale per cui saremmo tutti diversi ma qualcuno lo è di più e a tal punto da non poter rivendicare per sé lo statuto di soggetto che garantisce la stessa appartenenza al nostro stato di diritto. Una diversità temibile, ingombrante, irrimediabile, qualcosa a cui occorre mettere argini anche se una legge nel nostro Paese dice esattamente il contrario. Capisco la complicità di molti saperi e di molte pratiche in questa credenza, la loro responsabilità nell'aver reciso il nesso tra le parole che svelavano la valenza politica delle battaglia contro le istituzioni totali, le segregazioni, la cura come custodia. Capisco che a far perdere la parte più rilevante del discorso è stato l'aver delegato il dibattito su follia e normalità, su salute e sofferenza mentale ai "tecnici" asserragliati nelle loro certezze granitiche eppure da vicino confusissime, nei loro protocolli – rituali svuotati di ogni potere simbolico – nelle loro strategie farmacologiche, comportamentali, interpretative. Mi accorgo che il sempre più diffuso male di vivere è tornato a giocarsi al riparo di sguardi indiscreti, nel chiuso delle teste, delle case, dei servizi psichiatrici. Dietro a confini intransitabili.

Ma Venezia è la città di Franco e Franca Basaglia e qui i confini sono liquidi. Trattengono a stento anche quello che vorrebbero nascondere. Qui, più che altrove, la rovina delle solitudini, la gramigna degli antagonismi, il dolore, i soggetti tagliati a metà dallo stigma e dall'esclusione sociale, dalle contenzioni chimiche, relazionali e affettive sono troppo a portata di sguardi per passare inosservati. Per questo qui, più che altrove, la scommessa di rimescolare le carte ci è sembrata sostenibile, auspicabile, perseguibile.

Da nove anni il Festival dei Matti è questa scommessa. A Venezia, anche se altrove sarebbe più facile perché in questa città gli eventi sono troppi, tanto importanti o tanto ciarlieri da occupare tutto lo spazio condiviso. Ma Venezia i confini sono liquidi. E allora accade che su questa scena, nonostante il rumore di fondo, si possano generare insospettabili alleanze, connubi, innesti e che la cittadinanza non suoni più come una parola vuota. Un laboratorio culturale è qualcosa che ha a che fare con la generazione di legami sociali, il pensiero critico e la socializzazione dei saperi, l'incrocio di mondi, di visioni, di affetti. La poesia, la musica, la filosofia, l'antropologia, la medicina, la politica, la sociologia, l'arte, i giovani, i vecchi, ognuno di noi "matto" per poco o per tanto, gioco o serietà, ventura o sventura.

"Potrebbe salute mentale essere l'infinito divertimento di riconoscersi finalmente tutti diversi e non perciò diseguali" scriveva Franco Rotelli qualche anno fa. Come sarebbe il nostro mondo se ci consentissimo di divertirci in questo modo rinunciando a trasformare la normalità in un'angusta prigione dorata a cui in fondo non appartiene nessuno? Come sarebbe il vivere insieme?

Non so bene, ma immagino così una città felice. E mi piacerebbe si chiamasse Venezia.

Vivere a Post-Venezia

Tiziano Scarpa

È mezzanotte, cammino per le calli di Post-Venezia. Sono quasi arrivato, scendo i gradini di un ponte, giro sulla fondamenta, la strada a ridosso del canale. Sotto il lampione qualcuno mi sbarra il passaggio. La riconosco: è una pantegana grossa, un topastro che abita sotto casa mia. « Non scappare, non ti faccio niente », le dico. « Vorrei solo sapere come fate a sopravvivere qui ». Mi guarda diffidente. Poi decide di parlare: « Il nostro popolo ha una possibilità che voi non avete ». « Quale? ». « Questa », dice, e per completare la risposta non aggiunge parole ma un guizzo: si infila in un tombino e sparisce.

È vero. Noi veneziani non abbiamo scappatoie sotterranee. Siamo senza inconscio. Venezia è costruita tutta in superficie, è appoggiata sul fango, i suoi abitanti sono le persone più superficiali del mondo: non vuol dire che siano frivoli, ma sono costretti a fare i conti con la realtà esteriore, senza nicchie dove rintanarsi a preservare la loro identità. Le altre città hanno metropolitane, cantine, catacombe, bunker. Qui non ci sono rifugi antituristi per proteggersi dai bombardamenti aerei di comitive low cost. E nemmeno quartieri di decompressione intorno al centro, come a Firenze o a Roma. Venezia è un centro storico ritagliato con le forbici e piazzato in mezzo all'acqua. Non c'è scampo. Trenta milioni di turisti all'anno, in una post-città in cui tutto è sempre di più in funzione loro. Gli abitanti sono sempre di meno. Oggi siamo cinquantatremila. Come Gallarate, Velletri, Aversa. Venezia è già stata venduta. Intorno a San Marco il 99% dei ristoranti è gestito da cinesi, albanesi e mediorientali. Nel resto della città solo la metà è in mano a imprenditori locali (i dati sono dell'associazione Gruppo 25 Aprile).

Ma non voglio fare piagnistei. Vado a parlarne con chi ne sa più di me. « Guarda che negli Anni Ottanta gli studiosi prevedevano che oggi saremmo stati ventimila. Se non è così è perché il Comune ha fatto delle politiche di sostegno agli abitanti, costruendo e acquistando case, dando contributi ai cittadini per affitti e restauri ». Chi mi parla è Gianfranco Bettin, scrittore e politico, che in passato ha fatto parte di alcune giunte comunali. Sono andato a trovarlo nel suo ufficio di presidente della municipalità di Marghera. Gli chiedo quanto costa Venezia, chi la paga. Mi spiega come funziona un bilancio comunale, ma a un certo punto si alza e si avvicina alla gigantografia incollata alla parete. È una foto della laguna veneta, con l'acqua bluastra venata da flussi melmosi. Gianfranco indica l'incrostazione rosacea al centro, a forma di pesce. Sta per dirmi qualcosa di solenne. Se potesse me lo farebbe scolpire nella pietra, altro che taccuino. « Al di là di tutto, c'è una cosa che proprio non si riesce a far capire fuori da Venezia ». Tiro fuori lo scalpello e incido lettera per lettera le sue parole: « Questa meraviglia frutta al Veneto, all'Italia e all'Europa prestigio, autorevolezza e ricchezza: non solo ricchezza culturale, proprio soldi. Ma per costruire Venezia e mantenerla in piedi c'è voluto un impero grande come mezzo Mediterraneo, la Serenissima Repubblica. Non si può pensare che una città del genere ce la faccia da sola. Bisogna sostenerla. Venezia è il risultato di risorse che non possono essere prodotte dalla città. Questo spiega il dramma degli ultimi dieci anni, quando lo Stato ha di fatto azzerato i finanziamenti che le sono necessari, mettendola in ginocchio. La Legge Speciale del 1973, che ha alimentato la città, è stata pensata non soltanto per difenderla dall'acqua alta, ma per mantenere viva la sua popolazione. Perché una Venezia in salute produce ricchezza per tutta Italia». A dargli ragione sono i fatti. A cominciare dalla cronaca. In questi giorni la Regione Veneto ha deciso di cambiare il suo marchio promozionale: verrà pubblicizzata nel mondo come "La Terra di Venezia", *The Land of Venice*. E l'anno scorso la mostra di arte contemporanea più costosa al mondo, del più ricco artista vivente, è stata fatta qui. Pensateci: Damien Hirst avrebbe potuto allestire il suo kolossal in qualunque altro posto del pianeta. Perché non a Shanghai, Londra, Miami, Dubai? Semplice, Hirst ha applicato questa formula aritmetico-finanziaria: Merce x Venezia = Valore. Venezia moltiplica il valore delle cose (e più spesso il loro prezzo). Dà lustro e immagine. Nuove fondazioni culturali straniere continuano ad aprire qui le loro sedi. Ma quel che prolifera più di ogni altra cosa sono bar e ristoranti, ristoranti e bar. È inutile parlare di politica, quando tutto è in mano al mercato e alla liberalizzazione senza freni. Qualche spiraglio lo darebbe il decreto 222 della ministra Madia: da novembre 2016 i Comuni finalmente hanno uno strumento giuridico, possono negare i permessi a botteghe e locali che non siano in armonia con i centri storici.

Chi è più in armonia con Venezia di un gondoliere? Faccio due passi con uno di loro, gli chiedo come ha visto cambiare le cose in questi anni. « Di lavoro ce n'è. Però è frammentato: si imbarcano le persone per la mezz'ora standard prevista e, finita quella, stop, avanti il prossimo. Ai turisti più che altro facciamo vivere l'emozione dello stare in gondola. Che è sempre un'esperienza bellissima, sia chiaro. Ma non è come usare la barca davvero, per raggiungere una destinazione. Una volta facevo giri lunghi: tutto il Canal Grande, e il ritorno nei rii interni. La clientela era più colta. Qualcuno mi chiedeva itinerari precisi, da una tal chiesa a un'altra, secondo i suoi interessi artistici e architettonici». Gli domando se non li farebbe volentieri anche oggi. « Chi se la sente di sfidare le onde? Le barche da trasporto che riforniscono di cibo i ristoranti sono sempre di più, c'è un traffico continuo. In certe acque non mi azzardo ad andarci. Quando devo portare la gondola al cantiere per la manutenzione, una volta all'anno, prima di attraversare il canale della Giudecca lascio a riva telefono, portafogli e documenti ». Perché? « Ho paura di rovesciarmi e perdere tutto ».

Esco di casa alle otto del mattino, mi fermo a fare due chiacchiere con un gabbiano reale. Ha appena assalito un piccione, lo sta squartando sul selciato; una scenetta che in questi anni è diventata normale. « Non credere che sia una deriva recente », mi dice il gabbiano. « È da quando il potere del mondo si è spostato dal Mediterraneo all'Atlantico che Venezia si è dovuta reinventare. Dal Seicento in poi è diventata una specie di Las Vegas, di Broadway, con teatri, bische, caffè, concerti; il Carnevale durava quattro mesi mica perché i veneziani fossero festaioli: i ricchi stranieri avevano il permesso di girare mascherati, spassandosela in incognito, così erano invogliati a venire qui a spendere il più possibile. Il progetto industriale di Marghera è stato solo una parentesi novecentesca. Ormai siete tornati all'"industria del forestiero", come chiamavano un secolo fa l'economia basata sul turismo ».

Il gabbiano rapace mi fa venire in mente quelli raccontati da Maurizio Dianese: per 'Il Gazzettino' ha scritto decine di articoli sulla gestione illegale del Tronchetto. È un'isola artificiale che ha appena cinquant'anni, annessa alle soglie di Venezia. Ci arrivano tutti i pullman turistici. Qui si sono installati decine di "intromettitori": intercettano le comitive sottraendole ai vaporetti del servizio pubblico. Le fanno salire a bordo dei loro grandi motoscafi, chiamati "lancioni". Maurizio ha descritto la situazione anche nel suo romanzo appena uscito, *Nel nido delle gazze ladre* (Milieu Edizioni). Fa rabbrividire. Dovrebbe leggerlo chiunque voglia sapere che cosa rischia Venezia e la laguna: un futuro in mano a mafia e 'ndrangheta, che qui intorno sono già sbarcate. Maurizio calcola che il trasporto dei turisti dal Tronchetto a San Marco valga duecento milioni di euro all'anno, incassati in nero.

Mi ricordo il giorno che sono venuto ad abitare in questa casa, qualche anno fa. Ero euforico, e appena ho visto due persone uscire dal portone accanto al mio, mi sono presentato: «Sono il vostro nuovo vicino!» ho detto. Mi hanno guardato senza capire. Erano turisti stranieri: la casa era un bed & breakfast. A pensarci bene, non è stato un equivoco. Erano loro i veri padroni di casa della città, anche se ci sarebbero rimasti per pochi giorni. Si avvicendano di continuo, ma di fatto sono i reali inquilini di Venezia. Io mi illudo di abitare l'Essere, ma sono soltanto un vicino di casa del Divenire. Venezia è un temporary shop per temporary citizens. È impressionante guardare la mappa di case e stanze in affitto turistico. Sono così folte da cancellare i contorni della città. Airbnb a Venezia ne conteggia seimila. Roma ne ha venticinquemila; soltanto il quadruplo, in un territorio cento volte più grande.

Maurizio Crovato, studioso delle tradizioni lagunari e consigliere comunale eletto nella lista del sindaco, cita un dato malinconico: «Ormai la fascia degli ottantenni supera di gran lunga quella di chi ha meno di dieci anni: in città ci sono settemila-cinquecento anzianissimi e soltanto seimilatrecento bambini. Significa una perdita di mille residenti all'anno... E poi Venezia costa, richiede continue riparazioni. Le leggi speciali sono nate proprio per questo. Ma da anni, per colpa del Mose, si è pensato che bastasse erogare i soldi per costruire le barriere contro l'acqua alta e non per la manutenzione della città. Quest'anno la tendenza è cambiata, e il governo ha ripensato a un piano di investimenti». Sempre più spesso avvisto dei cormorani nei piccoli canali interni. Si immergono nell'acqua verde scura, riaffiorano in superficie venti metri più in là, ingollando piccoli pesci dai riflessi di metallo. A Venezia c'è cibo per tutti.

Lidia Fersuoch, la presidente della sezione veneziana di Italia Nostra, è la più disperata fra le persone con cui ho parlato. Mi descrive una serie di proposte assurde, devastanti, ridicole, stolte, portate avanti in questi anni. L'ultima ad allarmarla è quella di usare GNL, il gas naturale liquefatto, come combustibile per le Grandi Navi da crociera che entrano in laguna. « Se c'è un incidente può avere la potenza di una bomba atomica ». Abitiamo in un fossile urbanistico, dove i turisti sono la regola e i residenti l'eccezione, ci stiamo estinguendo, non abbiamo i numeri per fare massa critica e avere forza politica... « Non resta che vendersi », mi dice Emilio stiracchiandosi nella sua cuccia dietro la lastra trasparente, mentre si fa ammirare dai passanti. È uno splendido gattone grigio scuro, striato di nero, che vive in un negozio di articoli per animali. Gatti nelle calli non se ne vedono più. Si sono messi in vetrina anche loro. No. Semmai vendere cara la pelle.

Lo stanno facendo alcune famiglie di volontari che giorno e notte presidiano civicamente La Vida: stanze e uffici che la

Regione Veneto ha venduto a un privato per lasciargli aprire l'ennesimo ristorante. Da settimane qui organizzano corsi di yoga e teatro, ludoteca e letture per bambini, concerti, conferenze. Si scaldano con le stufette a gas e si illuminano con candele e generatori. In primavera faranno un convegno all'università sull'uso collettivo dei beni pubblici. Ma intanto, a fine marzo, sei di loro andranno a processo. Perché è così che *The Land of Venice* tratta i suoi valorosi sopravvissuti. Sono tante le iniziative avviate in questi anni da associazioni e gruppi di volonterosi. Ma i veneziani sono troppo pochi. Non lasciateci soli.

[Articolo uscito su 'Sette', settimanale allegato al 'Corriere della Sera', il 22 febbraio 2018]

Dammi tre parole:
straordinarietà, normalità, dialogo

ELISABETTA TIVERON

Pongo mano a questo testo, e il primo pensiero va a tutte le volte in cui, viaggiando, mi sono sentita così apostrofare: vivi nel posto più bello del mondo, davvero ti viene voglia di vedere altro? Venezia *stupor mundi*, Venezia nei sogni di milioni di persone. È ciò che penso ogni volta che esco di casa, cammino fino alla laguna e osservo lo spettacolo che mi si para davanti. La città rosa, il cui profilo di campanili e tetti fa parte della mia geografia interiore. Il blu dell'acqua per il riflesso del cielo, nei tardi pomeriggi d'estate. Il verde-oro delle barene. Le isole in lontananza. Barche, gabbiani, cormorani, pescatori, vogatori.

Devo impormi l'esercizio che segue.

Ripetiamo come un mantra: Venezia è una città normale.

Pur nella sua eccezionalità – perché è la città al contempo più astratta e più concreta, quella in cui il bisogno, l'ingegno e la bellezza si sono intrecciati creando cotanta meraviglia tra le acque –, dovremmo sempre tenere presente che si tratta di un luogo normale, nel senso di consueto, regolare. Si nasce e si muore, si ama e si odia, si ride, si piange, si fa l'amore, si va a scuola, si lavora, si sforna pane e si coltivano orti, si costruiscono edifici, si timbrano cartellini, si portano i bambini al parco giochi, si va al cinema, si curano malati, si producono beni, e tante altre cose semplici, ordinarie, che appartengono alla quotidianità. Un luogo che vuole e deve vivere del normale e dell'eccezionale, com'è stato per secoli.

L'eccezionalità può diventare – e sta diventando – una trappola mortale, se rimane l'unica caratteristica, la sola che si imprima nell'immaginario collettivo. Venezia va conservata, studiata, protetta, salvaguardata, amata, vissuta. Non è morta: è ferita, ma necessita di grandi dosi di normalità per tornare in salute. La normalità passa attraverso la conoscenza della propria storia, tutta; attraverso la consapevolezza. Venezia avrebbe bisogno di meno stereotipi. Meno Casanova, mascherine, Settecento, meno spettacolarizzazione ignorante. Meno feste, meno "eventi-evento" culturali in cui il contenuto diventa del tutto secondario. Meno osterie, che spuntano come funghi, cosicché per molti abitanti del circondario Venezia è il posto dove ci si va ad ubriacare nelle sere del fine settimana, quello dei bacaro-tour che si moltiplicano quotidianamente e niente c'entrano con la città vera. Meno stereotipi e più negozi di vicinato, più servizi, più persone che ci e la vivono.

Ciò significa, innanzitutto, una politica della casa che non spinga fuori, o non respinga, chi non può permettersi un debito per tutta la vita. Non dovrebbe essere un luogo d'élite, e occorre una volontà forte per far sì che non lo diventi. Forte, collettiva, democratica, aperta, accogliente, partecipata.

Nel momento in cui la città tornasse ad essere un po' più "normale", anche il turismo – problema di enorme impatto, che tanti altri si porta appresso – potrebbe ridimensionarsi.

Dovrei anteporre, interporre, posporre molti forse. Ciò che sto scrivendo sono auspici, desideri, sogni. Magari anche realistici, me lo auguro.

Sogno una Venezia che diventa esempio virtuoso e guida un'inversione di tendenza utile a tutti i bellissimi luoghi, in Italia e fuori d'Italia, soffocati dal turismo di massa – perché non possiamo dimenticare che il problema non ce l'abbiamo solo qua: il turismo che divora la normalità, che divora le città come i piccoli borghi, le spiagge, siti storici e naturalistici, ormai è ovunque.

Proprio mentre scrivo questo pezzo, leggo dei problemi ambientali causati dal turismo in Islanda: due milioni di visitatori all'anno – già di per sé troppi, in rapporto al numero di abitanti e alla dimensione dell'isola – parte dei quali poco attenti ai danni che producono per poter arrivare ovunque, dire di esserci stati, fornire testimonianza fotografica sui social.

Venezia che diventa modello di equilibrio, che non rifiuta il turismo ma lo riporta ad una dimensione accettabile. Come? Con qualche piccolo sacrificio, con più senso di responsabilità, con volontà vera di combattere gli interessi delle lobby (odio questo vocabolo, ma rende l'idea) legate al turismo, invece che farci comunella. Rinunciando ad un po' di guadagno immediato, o a brevissimo termine, al fine di ottenere vivibilità – e anche un beneficio economico – sul lungo periodo. Vale per i singoli, per i gruppi di interesse, per le stesse amministrazioni pubbliche. Perché il turista si stancherà presto di mordere e fuggire, di avere tutto a portata di mano, tutto sempre e comunque accessibile; di visitare luoghi rovinati, completamente svuotati di vita vera; e noi ci ritroveremo con un mondo usato e gettato, che nessuno vorrà più. Noi, che siamo a nostra volta, di tanto in tanto, turisti – quindi richiesti di qualche piccola rinuncia sull'altro fronte, quello delle pretese.

È una visione distopica, ma la distopia ci racconta anche verità.

Venezia ha inventato, ha anticipato i tempi (penso anche solo all'organizzazione del lavoro in Arsenale, secoli prima della nascita delle industrie nel resto del mondo), è stata capofila nell'in-

139

novazione quando questa parola, "innovazione", forse nemmeno esisteva nel vocabolario. Chi meglio di lei potrebbe inaugurare questo nuovo corso? Per fare ciò, però, occorre dialogare. La chiusura, l'autoreferenzialità non portano molto lontano.

Ho spesso la sensazione che questa città stia perdendo la capacità, che le era sempre stata peculiare, di dialogare. È vero, negli ultimi anni sono nati tanti movimenti, gruppi che portano avanti istanze legittime che io stessa spesso condivido; al contempo si sono creati o rinsaldati legami con i nostri vicini (come i progetti in partnership con altri Paesi che si affacciano sul mare Adriatico/Ionio e che condividono con Venezia un pezzo della propria storia; ai gemellaggi con l'area balcanica), e non mancano i momenti di incontro tra culture anche assai lontane; ma respiro, nelle pieghe, anche una chiusura campanilistica che sono certa non le giovi.

Dovrebbe saper dialogare all'interno di sé stessa, innanzitutto; e con le diverse componenti che da cento anni formano il Comune di Venezia: Terraferma, isole.

Ma non basta. Dialogare con i Comuni che compongono quell'ancor non ben comprensibile entità che è la città metropolitana, con il resto della Regione, con il resto d'Italia, con il resto del Mediterraneo (la scarsa percezione del nostro essere mediterranei, del nostro essere parte di questa macro-area geografica e culturale, che è una grande casa comune, mi lascia sempre un po' perplessa) e via via, con il resto del mondo.

Il mondo è una rete, è uno spazio interconnesso di cui Venezia, con tutta la sua spettacolare unicità, con la sua storia a tratti mitica, con le sue incredibili potenzialità, fa parte; ma talvolta pare che l'unica via d'uscita possibile ai suoi problemi sia pensarsi come un pianeta a sé.

Non tengo la soluzione in tasca. Ho idee forse utopistiche; ho l'esempio del passato, di ciò che ha funzionato e dove si è fallito; ho sotto gli occhi ciò che accade oggi, che non mi piace per niente. Guardo a ciò che accade fuori da qui, ad altre realtà urbane, metropolitane, marittime: certamente differenti, ma che possono offrire spunti, idee, modelli da riplasmare secondo le proprie esigenze.

Dal punto di vista amministrativo, sono per una città (e qui la intendo nella sua accezione estesa: di terra e di acqua) strutturata sul modello delle grandi capitali europee, all'interno delle quali si confrontano diversità a volte enormi, con storie e caratteristiche differenti. Il primo banco di prova di dialogo. Questo sistema a Venezia esiste(va), e funzionava; certamente negli anni si è deteriorato, andava corretto, ripulito, adeguato ai tempi e alle problematiche nuove. Invece si è scelto di eliminarlo – perché questo, di fatto, sta accadendo attualmente, con lo svuotamento di poteri delle municipalità, invece che il loro rafforzamento.

D'altra parte, sento continuamente ripetere – e io stessa ho questa sensazione – che manca una vera visione. Manca per la città estesa e multipla, manca ancor di più per la città d'acqua, quella che tutti vogliono vedere almeno una volta nella vita.

O forse – quanti forse, in queste righe – mancano solo un po' di pacatezza, di amore disinteressato, di accettazione della sua natura: quell'essere assolutamente straordinaria, normale e dialogante.

Nella mia città

ANNA TOSCANO

Il futuro non esiste
il futuro non arriva
nella mia città:

per quanto il mio passo sia lungo
per quanto si abbia il favore del vento
il 2 non va a più di 22 km orari.

Come oltrepassare il passato
come non guardarsi indietro
(a questa velocità)
con il collo sempre a tre quarti:

il tempo si ferma a piazzale Roma
così si vive invischiati
nelle storie dei popoli.

Noi si sta, felici,
in uno specchietto retrovisore.

[Anna Toscano, *Doso la polvere*, La Vita Felice, Milano 2012]

Ho viaggiato

Ho viaggiato in vaporetti
mai arrivati a destinazione,
ho viaggiato in vaporetti
tra gente nella disperazione,
ho visto vaporetti zeppi
di risate in vacanza,
ho visto vaporetti
pieni solo della tua mancanza.

Ho incontrato in un vaporetto
una con un buco sulla calza
chiedeva una moneta per la sua danza.

Ho incontrato in un vaporetto
un antico e triste amore
chiedeva un euro
per ritrovare il suo cuore.

[Anna Toscano, *Una telefonata di mattina*, La Vita Felice, Milano 2016]

Vorrei così Venezia

[Fotografia analogica, rullino b/n, 50mm, stampa a negativo su carta
cotone, intervento in art pen china]

Vivere in una cartolina

ALBERTO TOSO FEI

Marco Polo, alla fine, imbrogliò Kublai Khan: nel descrivergli ognuna delle città in cui era transitato durante il suo lungo viaggio in realtà evocò mille volte Venezia, offrendo all'imperatore un'unica visione della Serenissima, esplosa e riflessa nei suoi ricordi come in mille frammenti di specchio che in forme e angolazioni diverse rimandavano tutti la stessa immagine. Kublai credette a Marco, o forse gli volle credere… È un sunto estremo e vagamente azzardato de *'Le città invisibili'*, il libro con cui Italo Calvino – consapevole di non poterla abbracciare con una visione d'insieme – scelse di narrare tutte le Venezie che gli era possibile. Lo stesso Marco Polo lo confessa, a un certo punto: *"Ogni volta che descrivo una città dico qualcosa di Venezia"*.

Ecco dunque Zaira, fatta *"di relazioni tra le misure del suo spazio e gli avvenimenti del suo passato"*; un passato che la città non racconta, ma che *"contiene come le linee di una mano, scritto negli spigoli delle vie, nelle griglie delle finestre, nei corrimano delle scale"*. Oppure Anastasia, dove *"i desideri si risvegliano tutti insieme e ti circondano. La città ti appare come un tutto in cui nessun desiderio va perduto e di cui tu fai parte, e poiché essa gode tutto quello che tu non godi, a te non resta che abitare questo desiderio ed esserne contento"*. Oppure Olivia, *"città ricca di prodotti e di guadagni, i cui palazzi di fili-*

grana hanno cuscini frangiati ai davanzali delle bifore". E poi
Sofronia, Ipazia, Cloe, Leandra, Raissa. Perché Venezia, nelle
sue mille anime profonde, si può declinare solo al femminile.

Questa introduzione così evocativa è necessaria per ribadire
un paio di concetti: che, forse, impegnati più in una contempla-
zione della città che non attenti alle sue necessità reali, negli
ultimi quarant'anni ci siamo nel frattempo persi qualche pezzo;
e che raccontare cosa sia Venezia rimane comunque un'impresa
titanica, da sempre, e diventa ancora più difficile guardandola
da dentro.

Ecco perché ci si aggrappa ai ricordi e allo scorrere del
tempo; perché per un puro paradosso ciò che diventa più facilmente descrivibile non è ciò che rimane immutabile, ma ciò che
cambia; non tanto ciò che è costantemente sotto i nostri occhi,
sulla nostra pelle, in nostro possesso, quanto ciò che non abbiamo più.

Quindi posso dirvi che oggi Venezia somiglia molto a una
delle cartoline che da almeno un secolo e mezzo ne hanno
diffuso definitivamente l'immagine nel mondo. Beninteso, noi
veneziani per primi l'abbiamo trasformata nell'immagine che gli
altri volevano vedere, in una sorta di adeguamento alla retorica
di noi stessi. Però, per darvi un'idea di come io possa aver vissuto in questa città – anzi sull'Isola di Murano, della quale sono
originario – e aver nutrito il mio essere fino ad oggi, sappiate
innanzitutto che era strapiena di bambini. Così tanti che in patro-
nato (l'oratorio, per dirla in italiano corrente) si facevano i turni
per giocare a calcio; spesso si utilizzavano le due metà del campo
da pallacanestro per giocare due partite in contemporanea.

L'isola aveva negozi di frutta e di giocattoli; l'elettricista, il fotografo, il barbiere (anzi, più d'uno, in cui gli uomini andavano più per farsi una chiacchierata che per tagliarsi i capelli); aveva il meccanico per i motori fuoribordo e un'enorme pasticceria, il pescivendolo nostalgico del regime fascista (con un quadro di Mussolini fra spigole e piovre) e negozi di scarpe e d'abbigliamento. I ragazzini si tuffavano dai ponti senza che ciò suscitasse alcuna reazione – se non il divertimento – e in generale si vedevano molte più barche a remi di quante se ne contino oggi. Verso sera, d'estate, le donne sedevano in calle, a scambiare due parole e prendere il fresco, prima che l'avvento dell'aria condizionata cambiasse insospettabilmente anche la qualità delle relazioni. Quando le grandi imbarcazioni scaricavano la sabbia bianca che serve all'impasto vetroso ne rimaneva sempre un po' sulle rive. A Natale la usavamo per il presepe: un bianco fine deserto di silice. Chissà, forse accade ancora oggi. E forse è ancora possibile, talvolta, sentire nello stesso periodo l'odore del *bisato su l'ara* – l'anguilla marinata e cucinata direttamente alla bocca dei forni per il vetro – che esce dalle fornaci che ancora si intestardiscono a rispettare la tradizione.

Mi rendo conto che anche questa è un'immagine da cartolina; me ne rendo conto tanto più quanto mi allontano da quel tempo: una sorta di paese in cui al posto della miniera ci sono le fornaci; in cui ogni capofamiglia esce presto di casa al mattino e torna stanco la sera; eppure era così, anche solo trent'anni fa, a Murano come a Venezia: un po' fuori del tempo, ne converrete. E in questa raffigurazione idillica molti di noi sono cresciuti, e diventare grandi tra l'acqua della laguna, i dipinti di Tintoretto in chiesa e – per alcuni – il fuoco dei forni, è stata la più naturale delle infanzie.

Oggi però tutti quei negozi hanno indifferentemente lasciato il posto a botteghe di vetro, maschere, pellami, bar per turisti e – in generale – tonnellate di plastica in forma di gondola o tricorno; Murano, come Venezia, ha perso molti dei suoi abitanti e la monocultura turistica ha governato i nostri destini fino a prendere il sopravvento, perché i tempi non sono stati favorevoli (oppure lo sono stati troppo), perché siamo stati forse poco accorti, perché in fondo doveva andare così. Non leggete queste righe col senso di rimpianto di chi vorrebbe tornare a quei tempi. Ogni tempo ha la sua bellezza, ogni accadimento il suo significato. E io mi tengo stretta la mia infanzia come un dono prezioso e irripetibile.

Ma le cose non succedono mai per un caso. E noi siamo stati molto distratti, mentre la nostra naturale propensione al cambiamento si lasciava trasportare verso una Venezia differente; e abbiamo iniziato a disgregare la parte più importante, perché la più vitale, della nostra città: la sua memoria. Un pezzettino per volta, che se n'è andato col divano dei vicini che partiva per la Terraferma o con l'ultima cartoleria della calle, che non poteva più pagare un affitto che solo un profitto cinquanta o settanta volte più alto poteva giustificare. Tanto poi tutto s'aggiusta, si sentiva dire ogni tanto. E invece non s'è aggiustato niente. Perché la memoria, quando l'hai perduta, non torna mai più. E perdere la memoria significa rinunciare a una parte determinante della propria identità. Venezia si è ammalata di una strana lebbra che ne ha svuotato il meraviglioso involucro. Una sorta di Alzheimer sociale dal quale fatica a risollevarsi.

In tutto ciò, i segnali di rinascita ci sono, e sono molto forti. Ho avuto già maniera di scriverlo, e non saprei usare parole differenti: nel tempo ho realizzato come più della metà dei miei

amici veneziani – persone che frequento più o meno regolar-
mente, che vivono e lavorano in città – non sia originaria di
Venezia. Arrivano da Treviso, da Mantova, da Reggio Calabria,
da Trieste e Castelfranco, da Palermo e Cesena, da Bologna e
da Padova. Molti sono nati all'estero, e non hanno passaporto
italiano. Arrivano da tutti i continenti, Africa e Oceania incluse.
A Venezia svolgono la loro professione, quasi mai legata al turismo; mandano a scuola i loro figli, si sono comprati la loro casa.
Vogano alla veneta e parlano veneziano.

Amano questa città e le si stringono attorno, ne sono la forza
vitale. Sono più veneziani di molte persone che nella città storica
sono nate e abitano, ma che al contrario agiscono come se dopo
di loro non dovesse venire mai più nessuno, lasciandosi alle
spalle un deserto di idee e di umanità. Non sempre la scelta di
questi miei amici è stata consapevole, perlomeno all'inizio; ma
tutti, indifferentemente, difendono questa città con le unghie, coi
denti, col fegato.

Eppure non è ancora abbastanza, perché il ricambio tra abitanti vecchi e nuovi, tra veneziani di ieri e veneziani di oggi,
è ancora troppo lento perché si possa mantenere un'identità
veneziana riconoscibile fra venti o trent'anni, fatto salvo ciò che
culturalmente cambia col normale trascorrere degli anni.

I milioni di visitatori che si riversano ogni anno in città sono
in qualche modo più veloci, e tutto – o quasi – si sposta attorno
a loro: a ciò che mangiano, che comprano, che vogliono vedere.
Escludendo a priori di poter negare l'ingresso a ventidue milioni
di persone (tante sono quelle che attualmente si riversano in
laguna ogni anno) abbiamo una sola scelta, obbligata, che poi
ricalca quella già avvenuta con i nuovi residenti: far diventare
"veneziana" la maggior parte di loro.

"Insegnargli" Venezia, fargliela percepire come corpo vivo dal tessuto delicatissimo, che va preservato come un unicum – monumenti fontane bambini cani palazzi panni stesi gondole storia millenaria –: se togli un pezzo rimane tutto il resto, ma muore. Se dài il tuo contributo, non visiti un cadavere adornato di ricchezze, vivi un'esperienza destinata a rimanerti dentro tutta la vita. Un messaggio vagamente retorico, ma purtroppo abbastanza vero; se riusciremo a instillare un seme di coscienza su cosa Venezia e la sua civiltà rappresentano nella Storia del mondo, difficilmente chi ci viene in visita agirà contro di essa, tanto durante la sua permanenza quanto una volta tornato a casa. E noi avremo ogni anno migliaia di "veneziani" (decine di migliaia, centinaia di migliaia) destinati a diventare il miglior strumento di difesa e diffusione di cultura veneziana in giro per il mondo.

Una sfida molto più che ardua, visto che sfiora l'impossibile; i turisti come risorsa culturale a favore della città: questo se la scelta è preservare l'identità, una delle poche vere ricchezze su cui possiamo ancora contare. Nel frattempo, c'è la necessità di incrementare il numero di veneziani residenti, a prescindere dal luogo del mondo in cui sono nati e cresciuti. In fondo è sempre stato così, no? Quando una pestilenza si portava via centomila di loro, i veneziani aprivano le porte e invitavano nuove genti ad abitare la città, a farla propria. Forse che i tempi in cui viviamo sono meno gravi di quelli della peste?

Venezia appare ormai sempre, a un primo sguardo, come la cartolina di se stessa, è vero. Ma anche nei momenti in cui viene spinta all'eccesso, al patinato, quella cartolina non riesce – non ancora – a nascondere l'incredibile patrimonio di creatività, vitalità e cultura che alberga tra le calli. Venezia è un gran regalo per l'anima; è il piacevole straniamento dell'impossibile diventato certezza; è la dolce sicurezza di una promessa mantenuta. Si può tradire una promessa che è stata mantenuta? Certo che si può. Ma a questo punto solo una parte è colpevole: quella che ha ricevuto e non ha mai restituito.

[Alberto Toso Fei, da *I nuovi veneziani. Racconti, visioni, passioni e speranze*, a cura di Caterina Falomo, Studio LT2, Venezia 2011]

Città di nostalgie

GILDA ZAZZARA

La vera verità è che sono stati un lutto e un amore a portarmi a Venezia. Il lavoro, poi, ha fatto che restassi. Quando sono arrivata, nel mezzo dei miei vent'anni, di Venezia non sapevo niente, anzi una sola cosa. Che i veneziani si sentivano veneziani, mentre io milanese non avevo esperienza o coscienza di un sentimento del genere, di una "identità di luogo" così incarnata e condivisa. E lo sapevo perché durante gli anni universitari avevo stretto amicizia con una indimenticabile batteria di veneziani, come me "fuori sede" a Bologna, e più volte li avevo seguiti nei loro frequenti rientri in laguna.

Di una cosa ero sicura allora, intorno alla metà degli anni '90: che io non ci avrei mai potuto vivere. Ma non per i turisti – mi sembra incredibile oggi, ma non ricordo la loro presenza ossessionante nello spazio e nei nostri discorsi. La città mi stancava e mi immalinconiva. E invece ci vivo da quasi più tempo di quello che ho passato nella mia città natale e Venezia mi si è appiccicata addosso come mai avrei pensato che un posto potesse fare. Di quel gruppo di amici, invece, quasi nessuno è tornato. Ripasso nomi e facce: sono stati quasi tutti costretti a radicarsi altrove per avere un futuro. E tra i tanti spostati della mia generazione i veneziani mi appaiono i più dolenti, perché ogni volta che rientrano trovano una città sempre più irriconoscibile alla loro memoria e pensano che non potranno mai tornare. Una precoce nostalgia – il dolore del ritorno impossibile – affligge i veneziani della diaspora.

Io invece sono rimasta, ho messo radici, ho ereditato il loro senso del luogo, ho imparato a parlare in dialetto; senza averlo scelto coscientemente sono diventata cittadina di ripopolamento, contro l'inflessibile conto alla rovescia del monitor della Farmacia Morelli di Campo San Bortolomio. E oggi non passa giorno che il "problema Venezia" non entri nei miei pensieri e discorsi. La città in cui vivi – penso – ti può affaticare o stare stretta, è normale. Ma che ti si sgretoli sotto gli occhi nella sua forma e sostanza, che ti faccia sentire impotente e irrilevante di fronte ai suoi cambiamenti, che affligga anche te, che sei qui, con una nostalgia di futuro, forse non lo è. Forse in questo abbocco di millennio siamo testimoni di qualcosa di epocale, di un "urbanicidio" di cui siamo tutti vittime e tutti un po' complici[1].

Del resto lo sappiamo, che le città possono morire. Pompei è morta per una catastrofe naturale, Cartagine è stata distrutta dai romani, Detroit è stata uccisa dalla libertà del capitale di spostarsi altrove. E quando muoiono, se non vengono rase al suolo o sommerse dalle acque, diventano rovine più o meno affascinanti. Mi vengono in mente le prime righe di 'Se Venezia muore' di Salvatore Settis, dove scrive che le città possono morire anche di morte non violenta, *"quando gli abitanti perdono la memoria di sé, e senza nemmeno accorgersene diventano stranieri a se stessi, nemici a se stessi"*[2]. Mi affascinano queste parole, eppure non ne afferro compiutamente il senso. Dov'è la memoria degli abitanti di Venezia, se negli ultimi settant'anni più di due terzi di loro non

---

[1] Marco D'Eramo, *Il selfie del mondo. Indagine sull'età del turismo*, Feltrinelli, Milano 2017.

[2] Salvatore Settis, *Se Venezia muore*, Einaudi, Torino 2014, p. 3.

sono più qui? E quale può essere la memoria vivente di una città che ha un'identità con radici più che millenarie per non ridursi a mito, a leggenda? Se "*il passato è un paese straniero*", è solo nel presente che possiamo essere cittadini, essere parte, abitare[3].

Venezia comincia a Porto Marghera

La mia educazione storica e sentimentale a Venezia è cominciata da Porto Marghera. Una delle prime esperienze di ricerca che ho avuto occasione di fare, poco dopo essermi trasferita qui, è stata una raccolta di interviste a ex-operai sotto la guida di Cesco Chinello[4]. I suoi libri sono, credo, i primi di storia veneziana che ho letto nella mia vita. Cesco era Venezia – era la sua casa semplice e spaziosa di Castello, era la Resistenza dei giovanissimi che sfidarono il fascismo al Teatro Goldoni, era il comunismo dei sestieri popolari – e per lui Venezia era Porto Marghera. La classe operaia che aveva visto nascere lì aveva dato il marchio a tutta la sua storia politica.

Eppure ho scoperto allora che per trovare la Venezia di Cesco bisognava varcarne tanti confini interni, perché nessuno degli intervistandi viveva nella città storica. Li ho incontrati a Mestre, a Marghera, a Mirano, a Mira, a Camponogara. Per fortuna ad accompagnarmi con l'automobile e con la telecamera c'era Beatrice Barzaghi. Lei all'epoca era una giornalista precaria e

[3] David Lowenthal, *The Past Is a Foreign Country*, Cambridge University Press, 1985.
[4] Una selezione di quelle interviste è confluita nel documentario di Manuela Pellarin *900 operaio. Fabbriche e lavoro a Porto Marghera* (IVESER-Provincia di Venezia 2008).

un'attivista del Centro Sociale Rivolta e conosceva perfettamente la città diffusa. Cesco e Beatrice, seppur così distanti per età ed esperienze politiche, mi hanno insegnato i nessi di vissuto che tengono assieme la città policentrica. Mi sembrava una straordinaria ricchezza culturale e spaziale rispetto alla dinamica di centro-periferia-hinterland di quelle che avevo conosciuto sino ad allora.

Avrei scoperto solo con il tempo che questa identità era carica di tensioni e che proprio Porto Marghera, che ne era stata l'origine e il motore, per molti, soprattutto nella Venezia insulare, era stata un errore o addirittura un crimine. Ma io, che nel frattempo diventavo abitante e studiosa della storia della città, non ho più perso quel sigillo e non ho smesso di amare un'idea di Venezia larga, legata dall'acqua e non divisa da un ponte, piena di rimandi tra ognuna delle sue parti.

Se non l'avessero costruita cento anni fa, Porto Marghera, la costruirebbero oggi e sarebbe solo un immenso villaggio di alberghi. Invece il porto industriale è ancora lì, ci costringe a pensare un futuro diverso e non solo a tombare le scorie del passato. "*Marghera come dialettica, dura, pericolosa e indispensabile*", per dirlo con le parole fulminanti di Wladimiro Dorigo[5].

Raccontarsi agli altri, guardarsi coi loro occhi

Oggi non solo vivo Venezia ma la studio e la insegno. Da due anni anche agli studenti stranieri che trascorrono qui sei mesi o un anno, e che vengono da tutto il mondo. A loro racconto

[5] Wladimiro Dorigo, *Una legge contro Venezia. Natura storia interessi nella questione della città e della laguna*, Officina Edizioni, Roma 1973, p. 176.

la storia di Venezia nel Novecento, perché riconoscano le sue incessanti trasformazioni dietro l'apparente immobilità degli acquerelli di Turner. Il momento che aspetto di più è quello dell'esame, per poter leggere le loro risposte ad alcune domande aperte sulla città.

Gli studenti asiatici, che vengono per lo più da megalopoli in tumultuoso sviluppo, fanno soprattutto considerazioni su come Venezia abbia rallentato i loro ritmi e così aperto spazio a una riflessione sul senso della vita. Ad esempio una studentessa di Pechino scrive: *"When I'm in China, every day I have to study hard and work hard and I compare with my classmates. I don't want to fall behind anyone. [...] I feel so tired. Fortunately, I came to Venice. I met some friends here, they remind me that the money is not the only important thing in our life. I realized that we try to make money and work hard just for a better and happier life. [...] This is my deepest thinking in Venice, to be a person who can enjoy life"*[6].

Una ragazza di Rotterdam mi sorprende con una riflessione che coglie un elemento centrale dello spopolamento: con i giovani se ne vanno le idee. *"I think another aspect of a modern city is revolutionary ideas. In most modern cities, there are people living in it with all kinds of new ideas. These people are mostly young people, but since most of the young people are moving out of Venice, this will not happen. So, I think it's important to attract young people*

---

[6] Quando sono in Cina, ogni giorno devo studiare e lavorare sodo e confrontarmi con i miei compagni di classe. Non voglio mai rimanere indietro. [...] Mi sento così stanca. Per fortuna sono venuta a Venezia. Mi sono fatta degli amici qui, loro mi ricordano che i soldi non sono la sola cosa importante nella nostra vita. Ho capito che noi cerchiamo di guadagnare e lavoriamo sodo solo per una vita migliore e più felice. [...] Questo è il mio pensiero più profondo a Venezia: essere una persona che sa apprezzare la vita.

to come and live in Venice. Maybe the government can create new kinds of jobs for them, in the field of art, technology etc."[7].

Non sono quasi mai ostili al turismo, lo riconoscono come un'opportunità straordinaria di ricchezza e lavoro, ma anche in pochi mesi ne colgono il potenziale distruttivo. Spesso immaginano risposte fondate sul dialogo e l'educazione alla città, come questa ragazza di Mosca: *"I have an utopistic idea: to make obligatory tests on Venice history and Venice problematic issues for all the tourists. Provide every incoming tourist with little book where are described the sufferings of the city caused by the tourist pressure, big ships, high tides and so on. [...] All in all, I am not against tourism. I am against the destructions caused by tourism"*[8].

La cosa più bella di questi brevi scritti è che mi danno la possibilità di guardarci – noi abitanti – con occhi spesso ingenui ma pieni di mondo. Con tipico humour inglese uno studente scrive: *"While the lack of space and increasing number of tourists are infringing upon locals and their ability to develop a collective identity, the identity of a Venetian is still there. People walk around and know one another, shop owners have served the same families for generations, and every Venetian can angrily pace down the*

---

[7] Io penso che un altro aspetto di una città moderna siano le idee rivoluzionarie. Nelle città più moderne vivono persone con tutti i tipi di nuove idee. Sono soprattutto giovani, ma siccome la maggior parte dei giovani stanno lasciando Venezia questo non succederà. Quindi penso che sia importante attrarre i giovani a venire e a vivere a Venezia. Forse il governo può creare per loro nuovi tipi di lavoro nel campo dell'arte, della tecnologia ecc.

[8] Ho un'idea utopistica: far fare a tutti i turisti dei test obbligatori sulla storia di Venezia e le questioni problematiche che la riguardano. Fornire a ogni turista che arriva un piccolo libro in cui siano descritte le sofferenze causate alla città dalla pressione turistica, le grandi navi, l'acqua alta e così via. [...] Tutto sommato non sono contro il turismo. Sono contro le distruzioni causate dal turismo.

*street and shove people out of his/her way. While finding its place
in a globalized world, Venice can still feel like a small town"*[9].

Questi ragazzi e ragazze tornano a casa trasformati dal nostro
stile di vita a misura d'uomo, riconoscono la nostra sofferenza di
comunità privata delle sue forze migliori e le offrono la sfronta-
tezza dell'utopia. E nonostante il nostro passo rabbioso che si fa
largo a spintoni tra la folla si accorgono che riusciamo a essere
immersi in relazioni di prossimità che sono il cuore della nostra
identità ancora felice di abitanti di un villaggio, ma globale.
Questi "cittadini temporanei" e non "turisti lunghi" sono una
risorsa preziosa per tutti noi, per specchiarci nei loro occhi e per
consegnare un messaggio da portare in giro per il mondo: che
società ed economia non sono sovrapponibili, che le città sono
organismi viventi che possono ammalarsi e devono essere curati,
e che l'estinzione di Venezia è un dolore non solo nostro.

Oltre il vissuto

Mi accorgo che ho già quasi raggiunto lo spazio che mi è concesso per questo contributo e che si è tutto consumato in auto-
biografismo, mentre i curatori ci chiedevano anche proposte e
pratiche *"per una città felice".* Rimetto in fila le esperienze che

[9] Nonostante la mancanza di spazio e il crescente numero di turisti stiano osta-
colando gli abitanti e la loro possibilità di sviluppare un'identità collettiva,
l'identità veneziana c'è ancora. Le persone girano per strada e si conoscono tra
loro, i proprietari dei negozi hanno servito le stesse famiglie per generazioni,
e ogni veneziano può camminare con stizza e spintonare via la gente dal suo
cammino. Mentre trova il suo posto in un mondo globalizzato, Venezia può
ancora sentirsi una piccola città.

sono venute a galla mentre cercavo faticosamente di esplorare le sedimentazioni che mi fanno cittadina di Venezia e di arrivare al sodo, vincendo il pudore e aggirando continuamente la domanda: ma a chi potrà mai interessare il mio punto di vista? Gli amici che non vivono più qui, la lezione di Chinello, il confronto con gli studenti. Provo a tradurre me stessa dalla lingua del vissuto a quella proposta, ma appena lo faccio "sento le voci": vorrei politiche che incentivino ritorni e nuovi insediamenti di residenti («Ma che originale!»); vorrei che la città restasse unita perché la sua irresolutezza è comunanza di destino da riconoscere e non da rimuovere («Ma non lo sai che è dal 1979 che si prova a dividerla e la prossima volta forse è quella buona?»); vorrei che l'università fosse un'alternativa di lavoro e di visione alla monocultura turistica («I soliti intellettuali...»).

Basta, tacete voci, non sono pazza. Voglio una politica – che non può essere solo locale ma da lì deve partire – che abbia il coraggio di dire che consegnare Venezia alle *forze spontanee del mercato*" è questo sì un crimine. Che Venezia è un laboratorio di come il capitalismo selvaggio possa essere devastante non solo nei paesi cosiddetti sottosviluppati, ma anche là dove è nato e ha raggiunto i suoi trionfi. La politica in cui credo serve a qualcosa se è capace di opporsi al primato del profitto sullo sviluppo della società. Non sono pazza: lo dice l'Articolo 42 della nostra Costituzione.

Dalle due alle cinque

JULIAN ZHARA

Ogni notte, d'estate, dalle due alle cinque, vado in Campo Junghans,
Giudecca, vista Laguna Sud, entro, scavalcando, nell'isola ecologica, prendo la rete-letto-singolo, là abbandonata, la porto fuori,
e mi sdraio, solo, sempre solo, anche se raramente, sento odore
di erba venire da destra, o un cane al guinzaglio, così ogni notte,
felpa col cappuccio, letto senza materasso, cuscino portato da
casa, odore della laguna, rumore della laguna, mentre d'inverno,
dalle due alle cinque, che sia a casa o già fuori, vado a Santa
Margherita, prendo i bicchieri di plastica da terra, meglio se non
finiti, più pesanti, con ghiaccio sciolto dentro, mischiato a un gin
tonic già annacquato, per scaldarmi, li metto in fila davanti alla
casa del boia, oggi sede del comune del boia, rappresentanza della
politica del boia, espressione della coscienza civile del boia, e
inizio a tirare, come fossi in allenamento, in un campo da calcio
di Las Vegas, Veniceland – l'eco, mima un timido applauso, e
pensare che due ore prima, anche un'ora prima, il Campo, come
Rialto, la Fondamenta, i Frari, Via Garibaldi, ospitava una pa-
lizzata di bicchieri alzati al cielo, bicchieri che disegnano l'aria,
come da piccolo, nel viaggio in macchina verso una meta turistica, per farmi passare il tempo, disegnavo nell'aria, seduto
sul sedile posteriore, attraverso il finestrino, i contorni sfuggenti
di un capannone, l'insegna del gommista, magari in fila, fermi

per il traffico, rito comunque portato avanti anche quando, meno piccolo, negli anni da pendolare, prendevo il treno per Venezia, e ritornavo a casa, tardi, dopo un aperitivo, rito dopo rito, passo dopo passo, dove l'eco del ritorno a casa è l'unica musica, colonna sonora del fine serata, direzione letto, accelero e rallento i passi, per cambiare le percussioni della camminata sulle piastrelle, posticipo il ritorno, magari viro per San Marco, con ancora i passi sulle piastrelle a dettare il ritmo, intercalato da qualche frase stonata, in inglese, che pare un glissato di violino, suonato da uno zingaro ormai in là con l'età, da dita rachitiche, nel Rio Terà dei Gesuati, eccomi a San Marco, dopo aver superato le gang di topi, roditori che fanno comunità, votano a sinistra, hanno vocazione gregaria, domestica, atea, credono nel welfare, nel sacrificio, Dio per loro è un ospite inatteso, un parente lontano, mentre i bipedi staccano la residenza, come un chiodo monco su una parete, che sembra una mosca schiacciata, i topi proliferano, si moltiplicano, come le serrande dei bar chiusi a quest'ora, dove San Marco vive solo dell'involucro, un'opera teatrale fatta scenografia, quindi un'installazione, che alla domanda se l'opera d'arte, qualunque essa sia, potrebbe vivere senza uno sguardo, risponde sì, certamente, anche se non ci fossero pupille, le mie, adesso, che le cinque sono passate, da non so quanto, e arriva la nebbia a creare l'effetto fumo, sulla piazza, forse l'alba, forse una sagoma, che passa barcollando, poi un'altra, una barca attracca, si sente il rumore, qualche bestemmia, sacchi di biancheria lanciati tra barca e terra, divise fosforescenti, pronte a pulire i residui del giorno prima, uffici da aprire, quasi nessuno, topi scomparsi dopo la brava nottata, umanità che pareva dissipata, pronta a scandire il giorno nuovo, illuminato da un sole introverso, su un cielo che di azzurro ha poco o niente, i primi turisti assonnati, mano a mano, a coppie, o in gruppo, assediano i plateatici, prolungano il risveglio, ne dilatano l'incanto, sono una propaggine del letto, del posto-letto, uno dei 44.090 posti-letto loro riservato, adesso, nel 2018, perché Venezia è ospitale, i 53.986 residenti sono ospitali, quasi in ogni casa, così si imparano altre lingue, altre abitudini, modi di dire, benvenuto o grazie-prego, grazie mille, dare il resto, così me ne torno, l'acqua è troppo bassa, la catena sulla briccola esegue un requiem, il letto è ancora lì, nell'isola ecologica, disposto in verticale, ormai tutto sfigurato, forse per l'anno nuovo me ne compro un altro, per buttarlo via.

VENEZIAMESTRE MARGHERA = VENEZIA

VENEZIA + MESTRE = VENEZIAMESTRE

VENEZIA + MARGHERA = VENEZIA PETROLCHIMICO

VENEZIA + AEROPORTO MARCOPOLO (TESSERA) = VENEZI

" + ZELARINO + MESTRE = TERRAFERMA VENEZ

MESTRE = CAMPAGNA

MARGHERA = PETROLCHIMICO

VENEZIA + LIDO = VENEZIA

VENEZIA + S. ERASMO = VENEZIA

VENEZIA + P.TA SABBIONI = ?

CITTÀ = CENTRO + PERIFERIA

CENTRO = VENEZIA + MESTRE?

VENEZIA =
DOVE C'È ACQUA

L'ACQUA

PERCHE L'ACQUA
NON È RISORSA MA
UN PROBLEMA?

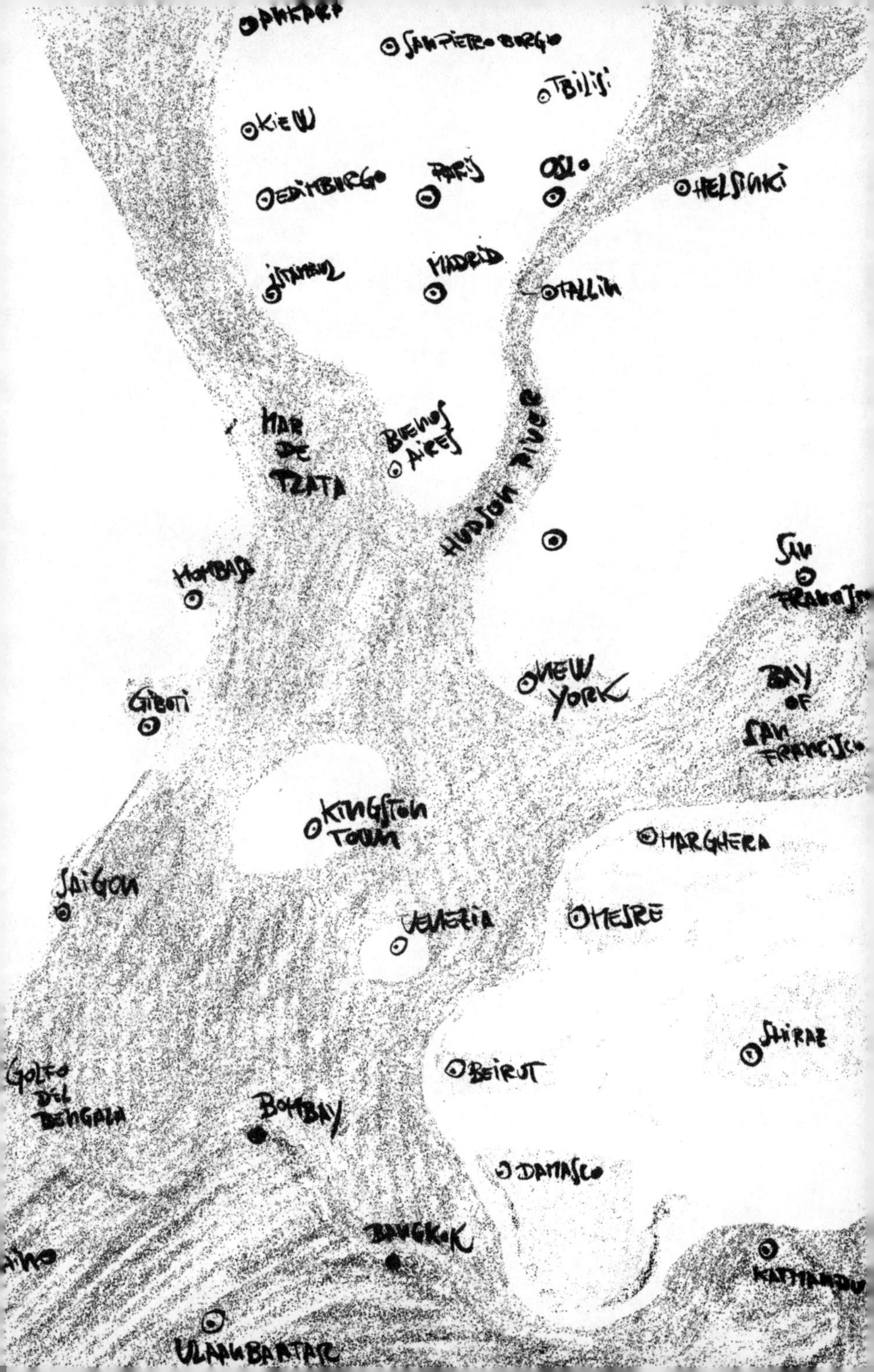
SAN PIETROBURGO
TBILISI
KIEW
EDIMBURGO
PARIS
OSLO
HELSINKI
MADRID
TALLIN
MAR DE PLATA
BUENOS AIRES
HUDSON RIVER
MOMBASA
GIBUTI
NEW YORK
BAY OF SAN FRANCISCO
KINGSTON TOWN
MARGHERA
SAIGON
VENEZIA
MESTRE
SHIRAZ
BEIRUT
GOLFO DEL BENGALA
BOMBAY
DAMASCO
BANGKOK
ULAANBAATAR

FAVARO
BUENOS AIRES
GREENWICH VILLAGE
DANUBIO
LA PAZ
ROMA
KATMANDU
MARCON
BHOPAL
LUBECCA
FRANCOFORTE
LIMA
BEIRUT
ADDIS ABEBA
BOMBAY
PARIGI
CASTE
VIENNA
TRIPOLI
ISTANBUL
VANCOUVER
GENOVA
HARBIN
BELLEVILLE
HANOI
CITTA DEL CAPO
WASHINGTON
NASSAU
OSAKA
DAKAR
CARACAS
LUMÈ
TUNISI
ATENE

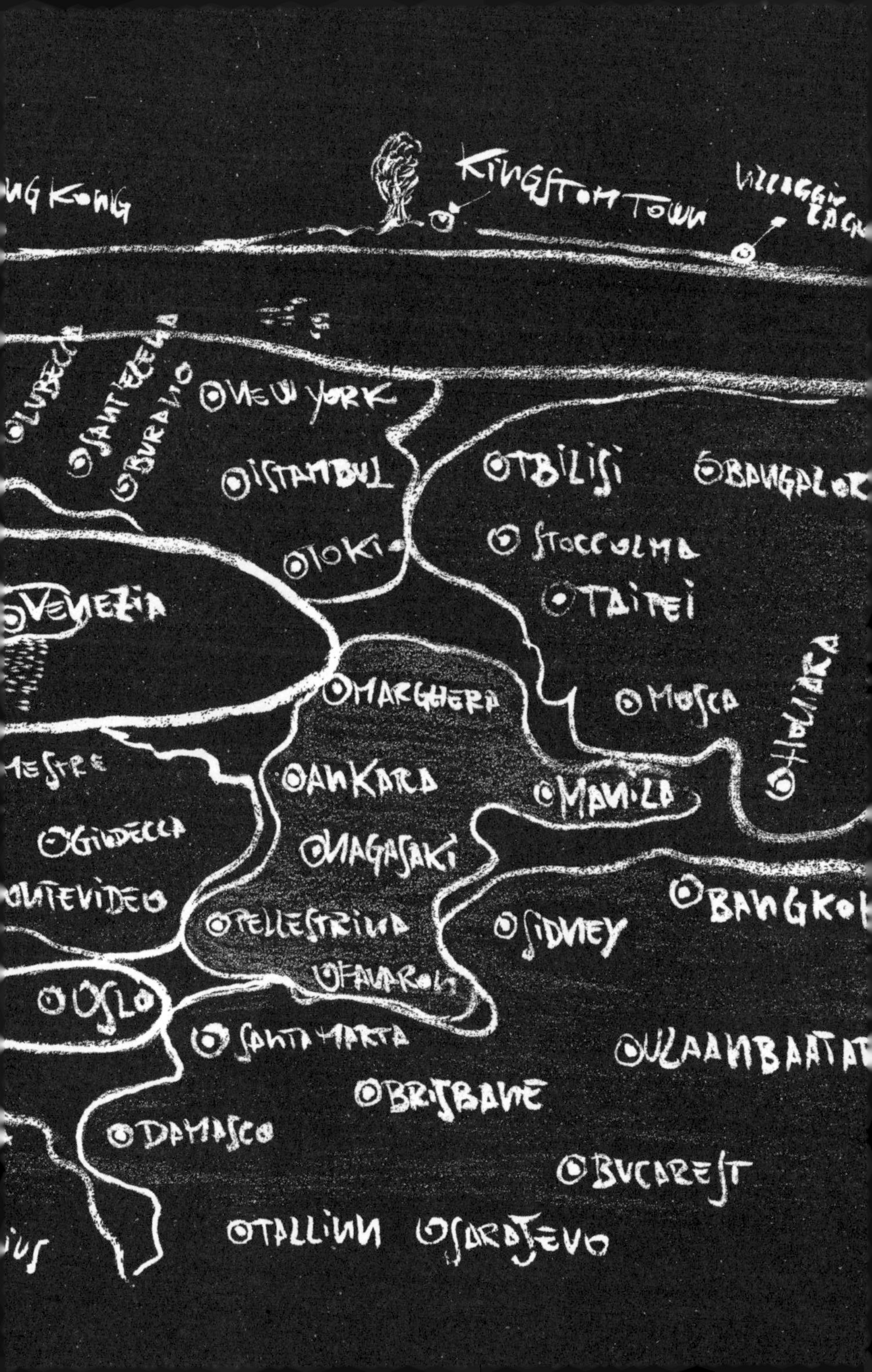

KINGSTON TOWN
NEW YORK
ISTAMBUL
TBILISI
STOCCOLMA
TOKIO
VENEZIA
MARGHERA
MOSCA
ANKARA
MANILA
NAGASAKI
GIUDECCA
PELLESTRINA
SIDNEY
OSLO
SANTA MARTA
BRISBANE
DAMASCO
BUCAREST
TALLINN
SARAJEVO
BURANO

Note sugli Autori

Shaul Bassi. Professore di Letteratura Inglese presso l'Università Ca' Foscari, è fondatore del festival "Incroci di Civiltà" e direttore dell'International Center for the Humanities and Social Change di Ca' Foscari.

Gianni Berengo Gardin. È uno dei più grandi maestri della fotografia italiana.

Gianfranco Bettin. Sociologo, narratore, giornalista e saggista, è anche attivista politico e amministratore locale.

Enrico Bettinello. Curatore e scrittore nell'ambito delle *performing arts* e della cultura, insegna presso l'Istituto Europeo di Design di Venezia.

Renzo di Renzo. Scrittore per ragazzi (Premio Grinzane Junior nel 2008), è direttore creativo dello Studio Heads Collective di Treviso, docente presso l'Istituto Europeo di Design di Venezia e l'Università degli Studi della Repubblica di San Marino.

Cristiano Dorigo. Operatore sociale, ha pubblicato libri di racconti e di narrativa, curatore di progetti editoriali. Vive e lavora a Venezia.

Gianni Favarato. Padovano, giornalista de 'La Nuova Venezia', da anni si occupa delle problematiche connesse al sito industriale di Porto Marghera.

Roberto Ferrucci. È romanziere, docente di scrittura creativa presso l'Università di Padova, giornalista (attualmente opinionista per il 'Corriere della Sera'). Vive tra Venezia e Parigi.

Maria Fiano e **Beatrice Barzaghi**. Scrivono a quattro mani. Maria insegna Italiano L2 presso il Centro Provinciale Istruzione Adulti di Venezia ed è impegnata attivamente in battaglie per una città più vivibile e giusta. Beatrice vive da alcuni anni a Trento, si occupa di beni culturali presso la pubblica amministrazione.

Federico Gnech. Veneziano d'adozione, scrive sul suo blog *flaneurotic.com*, e sul giornale on-line 'Gli Stati Generali'.

Lala Hu. È docente e ricercatrice di Marketing e Comunicazione presso l'Università Ca' Foscari di Venezia. Scrive per i blog del 'Corriere della Sera': 'La città nuova' e 'La nuvola del lavoro'.

Mario Isnenghi. Storico, accademico, è presidente dell'Istituto Veneziano per la Storia della Resistenza e della Società Contemporanea.

Maddalena Lotter. Laureata in Filologia Moderna e diplomata in flauto traverso, è poetessa e musicista.

Giovanni Montanaro. Classe 1983, è avvocato, romanziere e giornalista. Nel 2012 è stato finalista al Premio Campiello.

Leaticia Ouedraogo. È una studentessa iscritta alla Facoltà di Lingue, Civiltà e Scienze del Linguaggio presso l'Università Ca' Foscari di Venezia. Scrive per il blog del Collegio Internazionale Ca' Foscari '*Linea20*'.

Edoardo Pittalis. Giornalista e scrittore, editorialista de '*Il Gazzettino*' del quale è stato a lungo vicedirettore. Sardo, vive a Mestre da quasi quarant'anni.

Tiziana Plebani. Veneziana d'adozione, storica, saggista, è stata docente in Conservazione di Beni Culturali e Documentari a Ca' Foscari e bibliotecaria presso la Biblioteca Nazionale Marciana.

Anna Poma. Nata a Pavia, vive e lavora a Venezia da molti anni. Laureata in filosofia e psicologia, è psicoterapeuta e formatrice; impegnata in diverse associazioni per la tutela dei diritti delle persone con sofferenza mentale, ideatrice e curatrice del "Festival dei Matti".

Tiziano Scarpa. È romanziere (vincitore del Premio Strega nel 2009), poeta, drammaturgo.

Lucio Schiavon. È illustratore, autore di libri, regista di animazione.

Elisabetta Tiveron. Laureata in Storia Contemporanea, è autrice e curatrice editoriale; organizza e collabora ad eventi in ambito editoriale e nel settore food.

Anna Toscano. Vive a Venezia da oltre trent'anni. Poetessa, fotografa, giornalista, insegna a Ca' Foscari e collabora con altre facoltà.

175

Alberto Toso Fei. È giornalista, divulgatore storico e cantastorie. Vive tra Venezia e Roma.

Gilda Zazzara. Milanese, da molti anni vive e lavora a Venezia. È storica del lavoro e del movimento operaio e insegna presso l'Università Ca' Foscari.

Julian Zhara. Nato a Durazzo (Albania), vive in Italia (prima nel Padovano, ora a Venezia) dall'età di tredici anni. Laureato in EGArt, è poeta e performer.

Sommario

Veneto vivo

Collana diretta da Diego Dal Medico

Rosso veneziano

Collana diretta da Diego Dal Medico